なぜ憲法改正か!?

反対・賛成・中間派も
まず、読んでみよう!

清原淳平 著

善本社

目次

第三章　憲法改正の必要箇所を指摘し、問題提起する！

はじめに

「憲法」は、その国で最上位の法であり、大切にしなければならないことは、小学校時代から学校で習うので、大事なものだという認識は、国民の誰もが持っている。

しかし、いざ、「日本国憲法」を開いてみると、むずかしい言葉が並んでいて、あまり読む気にもならない、という人が多い。

日本では戦後、憲法への無関心層が多い。多少関心がある人は、大別すると、改憲派と護憲派とに分かれるといえる。

でも、もし、改憲派だと言うと、今の憲法の、どこがおかしいのか、どこにどういう問題があるのかと質問され、答えられないので、つい、今の憲法のままでよい、「私は護憲派だ」と言う。いわば、面倒くささからの護憲派が非常に多い。

また、その護憲派といっても、あまり論理があるわけではなく、かつて、ある政党の党首が言ったように、「憲法改正→第九条（戦争放棄規定）改正→陸海空軍→軍国主義→戦争」というワンパターンの認識や、「ダメなものはダメ」という感情論に影響された人が多く、憲法問題についての論理的思考ではないのが一般である。

第二次世界大戦で、同じく敗戦国となったドイツは、戦後つくられた「ドイツ連邦共和国基本法」を、今日まで五十八回も改正しているし、また、同じく敗戦国のイタリアも、戦後の「イタリア共和国憲法」を二十回近く改正している。

それなのに、日本は、その「日本国憲法」を一度も改正していない。

戦後、時代は大きく変わってきている。戦前は「昔の百年は、今の一年に満たない」などと言われたが、現代は「日進月歩」であり、いや「分進秒歩」とも言われている。

法は、その成立した時点で静止してしまうが、時世はまさに「日進月歩」「分進秒歩」変化しているのである。

現行「日本国憲法」は、成立した昭和二十二年（一九四七年）をもって静止している。それを「日進月歩」「分進秒歩」の現代に適用するのは、いくら解釈で補っても、もはや限界に達していることを、ご理解いただきたい。

そうした問題点を、分かりやすく理解いただくために、ここ何年かにわたって、私が講演した内容を、そのまま、話し言葉で、以下に記した。

憲法問題はむずかしくてよく分からないと思う人も、また、「自分は護憲派だ」と思う人も、そして「自分は改憲派だ」と思う人も、いろいろとご参考になると思うので、まずは、お目通しをいただきたい、と念ずる次第である。

平成二十六年四月

著者　清原　淳平

第一章

憲法は、なぜ改正されなければいけないのか！

今日は、大連休のど真ん中で、しかも、お天気が悪い。今日は一日降るとの予報の日に、こうしてお越しいただいた皆様に、心から感謝を申し上げます。

私の今日のテーマはですね、「今の憲法は、なぜ改正されなければならないか！」としました。お手元に分かりやすく一枚紙のレジメを用意いたしました。それをご覧いただきたい。一枚紙にまとめてあります。

五項目に分けてあります。すなわち、

一、長年にわたって、改正しないことの弊害について。

二、成立上の欠陥　これは学問的には制定過程ということでもあります。

三、形式上の欠陥

四、内容上の欠陥。これは無数にありますけれども、三つくらい挙げましょう。

五、憲法改正を取り扱うルールについて。

今日は、これらを、国民の皆さんに考えていただきたい、ということで挙げたわけです。

一、長年にわたって、憲法を修・改正しないことの弊害

まず、第一の「長年にわたって憲法を修改正しないことの弊害」。これについては、皆さんご承知と思いますけれども、いまの日本国憲法は昭和二十二年の五月三日に施行されているわけです。それから数えると、ことしは六十一年目になるということですね。この六十一年間一度も修正も改正もしていないということです。これが日本の憲法の現実であります。

それでは翻って、諸外国はどうか、ということを考えていただきたい。世界の各国は、きわめて頻繁に憲法を改正しています。

全部挙げるわけにいきませんので、いくつか例を挙げましょう。この日本国憲法ができた昭和二十二年の時点から数えますと、たとえばドイツは五十六回改正しております。スイスも六十回前後。つまり年に一回くらい改正しているわけですね。ノルウェーも同じくらい改正しています。旧ソ連邦は十年くらい前に解体しましたけれどね。それまでに何と、ソ連でさえ、五十六回改正しています。

アメリカはどうか。アメリカという国ができてからは、二十七回ほど改正しているのですが、

昭和二十二年以降を見ても六回改正しておりますね。アメリカの改正数が少ないのはなぜか。これは英米法といいまして、判例を重視するわけですね。英米法特有の裁判の判例を重視するということから改正数は少ないんですが、それでもアメリカでさえ第二次世界大戦後六回改正している、ということをご承知おきいただきたい。

じゃあ、なぜ憲法を改正するのかと。ドイツみたいに、スイスもそうですが、五十回、六十回と改正するのはなぜか、ということを、みなさんに考えていただきたい。それには、三つのことが挙げられると思います。

ひとつは、みなさんもお感じになると思いますが、昔の百年がいまの十年にも満たないと、よくそんなことが言われたんですが、いまじゃ違うんですよ。日進月歩、最近では分進秒歩という言葉さえあるんです。ですから、めまぐるしく時代が変わってくるということですね。そういう時代の変化。現実が変わってくるということ。

しかし、法っていうのは、つくられたときに静止してしまうわけですね。そこでストップしてしまう。いまの憲法だって昭和二十二年の五月三日でストップしているわけです。ところが時代は、いまも言ったように日進月歩、分進秒歩。そうすると当然のこととして、法と現実との間にギャップが生じます。つまり、法は、その法が成立した時点で静止してしまうわけですね。そこでストップしてしまう。ところが、現実は急速に変化しているので、大きな溝ができてくるわけです。

だからこそ、外国で憲法を頻繁に改正するのは、法と現実が食い違ってくるので、そのギャップを是正するために、憲法を改正するわけです。

これは法理論的に言いますとね、「憲法の制定時の国民が後の国民をしばってはいけない」ということです。つまり、後世の国民が、改正できないために作られたときの憲法に引きずられちゃいけない、という考え方が西欧にはあるんです。そういう点から、外国では頻繁に改正していると。つまり、世界各国は、憲法を改正して、法を現実に合わせていんですね。古い法に現実を合わせるのではなくて、新しい現実に法を合わせるということをしているんです。

そういうふうに、世界各国が五十回も六十回も改正しているのに、日本はなぜ改正できないのか。それは、外国の憲法は、改正しやすいんですね。改正条件が緩いんです。緩いから軟性憲法、軟らかい憲法というんですけれどもね。改正しにくいのを硬性憲法、『硬い』という字を書くんですね。日本は、世界の中でも最も改正が難しい硬い憲法、硬性憲法だといわれているわけです。

日本国憲法第九十六条に、憲法改正の要件を規定した条項があります。衆参各議院の総議員の三分の二以上で発議して、それからさらに国民投票にかけてその過半数を得ると成立する、とある。衆参各議院ですからね、衆議院と参議院をひっくるめて三分の二じゃないんです。衆議院でも三分の二、参議院でも三分の二とらないと、改正案の発議さえできないんですね。これは厳しい条件ですよ。だからいままで改正できないできたのです。

平成十七年の選挙で衆議院で三分の二とって、あと参議院で三分の二とれれば改正できたんですが、その時の参議院通常選挙で改憲政党の自民党が大敗したものですから、また遠のいたということになるわけです。

しかし、この非常に厳しい改正手続があるので改正できないということになると、どういう結果が生ずるかというと、この法と現実とのギャップを埋めるために、解釈で補うしかなくなるんですね。法文が直せないんですから、現実に合わせるために、解釈で補わざるをえなくなる。実際に、法を執行する政府はですね。改正できない以上、解釈でやらざるをえなくなってくる。そして、国民側も、それを見習うようになる。私は、昔、裁判官をなさっていて辞めた方から話を聞いたことがあります。「いやぁ、裁判をやってとても困るんだ」と。「税法なんかでね、あなたの会社は脱法しているじゃないか」というと、被告になった企業が言うんですよ。「税法をこう解釈して正しいと思ってやってるんだ。なぜ悪いんだ。国は憲法九条はじめいろんなところで解釈してやってるじゃないか。国民が解釈してやってなぜ悪いんだ！」てな反論をするっていうわけです。長いこと憲法を改正をしないでいると、そういう問題があるということを、ご承知おきいただきたい。

二、成立（制定過程）上の欠陥

つぎに二番目の問題ですね。成立上の欠陥に入りましょう。いまの現行憲法は制定過程に問題があるんじゃないか。国際法違反の可能性があるということですね。これはどういう国際法かというと、一九〇七年、和暦では明治四十年に、「陸戦ノ法規慣例ニ関スル条約」という国際条約が締結されました。条約の表題が、長いので、オランダのハーグというところで制定されたということで、一般には「ハーグ条約」と言っているんです。

そのハーグ条約にどういうことが書いてあるかといいますとね。「占領者は、絶対的な支障のないかぎり、占領地の現行法制を尊重すべし」と規定しているんです。一九〇七年の国際条約ですよ。その第四十三条に「国ノ権力カ事実上占領者ノ手ニ移リタル上ハ、占領者ハ、絶対的ノ支障ナキ限、占領地ノ現行法律ヲ尊重シテ、成ルヘク公共ノ秩序及生活ヲ回復確保スル為施シ得ヘキ一切ノ手段ヲ尽スヘシ。」と書いてある。一九〇七年に制定されたんですが、四年後の一九一一年には、日本もアメリカもこれに加入しております。

皆さん、どうしてこういうハーグ条約を、一九〇七年に決めたかと思われるでしょう。それはこういうことなんですよ。一八〇〇年代の欧州の歴史を見てみると分かるんですが、戦争ばかりしているんですよ。一八〇〇年の最初のころにはナポレオン戦争（一八〇三～一五年）がある。それからクリミア戦争（一八五三～五六年）がある。これはロシアとトルコとの戦争ですが。それから一八五九年にはフランスとオーストリアが戦っている。さらに一八六六年にはプロイセンとオーストリアが戦っている。その四年後の一八七〇年にはプロイセンとフランスが戦っている。そして一八七七年にはロシアとトルコが戦う。そういう形で一八〇〇年代というのは欧州では戦争ばかりくりかえしていたわけです。

その結果、どういうことになったかというと、負けた国の憲法や法制を、勝った国が変えさせてきたわけなんですよ。しかし、戦争っていうのはね、勝つときばかりではないわけなんですよ。はじめ勝って、負けた相手国の憲法を改正した。ところが次の戦争では負けた、ということになると、もっと手厳しく改正される。賠償金も取られる、というようなことがつづいたんですね。それで欧州各国は、これをやってたんじゃ大変だと。したがって国際会議をやって、こういうことがないようにしようと。それで、一九〇七年にハーグで国際条約を決めたわけです。結局、占領中に制定された憲法というのは、その国の国民の自由な意思を反映していない、という考えが前提にあるわけです。そして、日本も、一九一一年に、この「ハーグ条約」に批准加盟したわけです。

さて、こんどは翻って、第二次世界大戦のことを考えてみましょう。第二次世界大戦では、イタリアがはじめに降伏し、次にドイツが降伏し、そして日本が降伏したわけです。負けた国はそれぞれ、勝った連合国から「おまえのところの憲法は困る。改正しろ」といわれた。

最初に言われたのは、イタリアです。イタリアはムソリーニという独裁者がいましてね、そのムソリーニが作った憲法は、極めて独裁色の強い憲法だったわけです。だから連合国は、新しい政府に対してムソリーニ憲法を改正しろといった。

ところがイタリア新政府は反対したわけですよ。「ハーグ条約に反するじゃないか、一九〇七年に、そういう取り決めをしたじゃないか。占領下で憲法はじめ法制を変えちゃいけないという取り決めをしたじゃないか」と、連合国の意見をはねつけたわけです。だからイタリアが憲法改正したのは、連合国との講和条約、これは昭和二十二年の二月十日ですけれども、それが締結された後、六カ月後に、やっと民主的憲法をつくった、といういきさつがある。

次に負けたドイツはどうか。ドイツもヒトラーの憲法がありましたから、連合国としてはいまの憲法がそのままじゃ困る、早く改正してくれ、と盛んに言ったわけです。ボンに臨時政府があったわけですが、やはりドイツの政府も反対したわけです。理由は、やはり一九〇七年にそういう取り決めを国際条約としてやったじゃないかと。負けた国の憲法を勝手に変えないと。さらには、ドイツが東西に分割されている。占領軍各国に分割されている状態で、自由な意思で憲法がつくれるとは思えないということで、ドイツもはねつけたわけです。

連合国側は懇請する形で、なんとかヒトラー憲法は直してくれと。ドイツは法制度重視の国ですからね、「一応応じましょう」と。しかし「憲法とはいわないよ」と。どうしたかというと「ドイツ連邦共和国基本法」といったわけですよ。ボンで締結されたので、ボン基本法と略称していますけれども、いまでも、ドイツの憲法は基本法と言っていて、憲法とはいわない。基本法というのはどういうことかというと占領下における基本法ということなんですよ。そういう意味での基本法ということなんですね。

そのいまもあるドイツのボン基本法の一六四条。お手元のレジメにも書いておきましたけれどもこう書いてあるわけなんです。「ドイツ国民が自由な意思で決定した憲法が施行される日に、効力を失う」。いまボン基本法で一応決めたけれども、これは自由な意思じゃあないよと。ほんとうに独立して国民の自由な意思が表明できるときに新しい憲法をつくるといっているわけですね。そういうふうに敗戦国は、イタリアもドイツも断ったといういきさつがあるのです。

面白いのは、勝った方の国のフランスですよね。フランスも一時ドイツに占領されましたけれども、フランスがドゴール将軍によって、第四共和国憲法というのができるわけで、その第九十四条にはこう書いてある。「本国領土の全部又は一部が外国軍隊の占領下にある場合は、いかなる憲法改正の手続きにも着手、または遂行することができない」と書いてある。だから、勝ったフランスでさえ、もし戦争があって、負けた場合に、憲法改正できない、とはっきり明言したわけです。諸外国では、そういう規定があるということを、ご承知いただきたい。

ところが日本はどうか。日本は簡単に、といってはなんですが、憲法改正してしまったわけです。連合国、とくにマッカーサー司令部ですけれどもね、「早く憲法改正しろ」と。日本も近衛元首相などが案を出しましたけれどもね。みんな占領軍に断られた。そして、連合国軍総司令部（ＧＨＱ）がつくった憲法で、これを呑めというわけ。呑まざるを得ない状況もあった。それは、天皇制を人質にとられていたということがある。そういうことから、やむを得ないと。アメリカのいうとおりに憲法を呑めば、天皇制も存続してもらえる、ということで呑んだわけです。そういう特殊事情があったわけですね。

本来ならですね。昭和二十六年にサンフランシスコ平和会議がありまして、昭和二十七年に発効するわけですから、それで日本はともかく独立したということで、その後に憲法改正をすればよかったんですが、それができない状況にあった。それはどうしてかというと、まさに保革伯仲の時代でしたからね。とても憲法第九十六条にいうように、衆議院で三分の二、参議院で三分の二を確保するというような状況になかった。だから、当時の吉田内閣もやむを得ないということで、閣議決定みたいな形で、いまの憲法のままでいくということを表明しているわけです。

とくにはっきりした形をとったのは、昭和二十七年の五月三日に、皇居前広場で、天皇陛下、皇后陛下御臨席のもとで、現行憲法施行五周年を祝う記念祝典を催した。そういうようなことからして、占領下の憲法を認めた形になってきているわけです。こうして、第九十六条の憲法改正手続がとれないものですから、六十余年経た今日まできてしまった。

中には、「だからいまの憲法は無効なんだ。明治憲法に復元せよ」という意見もありますけれども、これは我々は採らないと。これは、当団体の創立者の岸信介総理の方針なのですが、「戦後十年以内だったら、現憲法無効ということもやれないわけじゃなかった。しかし数十年経ってしまってから現憲法無効、明治憲法復元ということになると、その間の数十年間なら数十年間の行政措置、あるいは裁判について、再審請求されて大混乱になるよ」というのが岸先生のお考えです。そのほか、岸先生の挙げた理由もありますが、長くなってはいけませんから、今日は割愛いたします。だから、岸先生は、あくまでも合法的合理的に、日本の国にふさわしい新しい憲法をつくる、という方針なわけです。我々の団体は、岸先生の精神を受け継いで今日までやってきている、ということをご理解いただきたいと思います。憲法改正には、いろんな説がありますけれどもね。

私どもは岸信介先生の考えに立っているわけです。

三、形式上の欠陥

次に形式上の欠陥っていうのがあるわけです。現憲法はマッカーサー総司令官によるＧＨＱがつくって、それを翻訳したわけですよ。一週間足らずで翻訳してつくったわけです。だから翻訳調だということは前文をみたってね、日本の言葉じゃないということはよく分かるでしょう。

それからもっと問題なのは翻訳に誤りがあるということなんですね。法律用語というのは厳格に適用するというのがあたりまえなんですが、過去に我々の同志が調べた結果、今の憲法には、二十カ条について二十八カ所もの誤りがある、ということが分かっているんです。

簡単にいいますと、「議決」と「可決」ということを間違えているんですね。議決というと、可決と否決があるんですよ。「国会の議決した」という言葉とか、いろいろあるんですが、それは本来は「可決した」といわなければならないんですね。議決というのには、可決も否決もあるわけなんですから。そういうのがたくさんあると。「予算」と「予算案」。予算は、国会で成立するまでは予算案のはずなんだけれども、そういっていないんですね。本当は「予算案は」といわなければいけないところを「予算は」といっている。「決算」についても「決算案」といわなければならないのに「決算」といっている。そんな誤りがいっぱいある。

一番問題にしたいのは、「放棄」と「否認」の問題ですね。皆さんねぇ、よく第九条戦争放棄なんて書いてある。あたりまえだと思っているでしょう。これ、大きな間違いなわけですよ。身近な例を申し上げますとね。よく「相続放棄」という言葉をお聞きになると思います。「相続放棄」というときに分かりますように「放棄」という言葉は、その前提に法的に「正当な権利」がある、それなのに「私はいりませんよ」というのが放棄なんです。

いまの憲法の第九条一項、これは侵略戦争を謳《うた》ったものだといわれる。じゃあ侵略戦争は前提として正当なのかということになっちゃうんですよ。だから、この場合は、「否認」という言葉が適切なんですね。

「否認」という言葉は、権利があろうがなかろうが、ともかくNOだというのが「否認」なんです。だからお隣の韓国の憲法を見ましても、「戦争の否認」といっていますよ。ほとんどの国が「戦争の否認」といっています。日本だけが、「戦争の放棄」といっている。こういうのも用語の誤りですね。そういう問題があることもご認識ください。

さらには国家緊急時に対処する規定がないということがあります。万一のときに誰が指揮をとるか。そういう規定がないという形式上の欠陥があります。（この問題については、後掲の平成二十三年三月十一日の東日本大震災の五十日後に開催された、五月三日の「新しい憲法をつくる国民大会」で詳細に論じている。）

四、内容上の欠陥

つぎに、内容上の欠陥。これは無数にありますけれども、権利義務のアンバランスということがありますね。これは教育に大きな影響を与えているわけですが、とにかく憲法第三章には、「個人の権利、個人の権利」って謳っているわけですよ。だから、中学校の公民の教科書を調べてみると、主要七社の教科書を見ると、権利については二十ページくらい書いてあるのに、義務については一ページどころか、たった数行しかない、というのが実情ですね。

しかし、我々は、個人の権利だけではないんだと、家族との和合とか、他人との協調とか、社会への責任だとか、国家への義務感というようなものがなければ、国家としてほんとうの姿ではないんじゃないか。個人の権利ばかりで国が成り立たないよと。だからこそ、いまの世の中、利己主義がはびこり、自己中心でいじめがはびこり、誘拐がある、冷酷殺人などの異常事件が起こるというのも、ここに問題がある。

権利と義務というのは、欧米では盾の両面と考えておるんですよ。自分の権利を主張するには、他人の権利を害しちゃいけない、ということが裏にあるんだけれども、日本の場合は、そういう観念がないままにきているんですから、言いたい放題、やりたい放題やるのが権利だ、と考えている。だからこういうのは、憲法を改める場合には、一項に権利をおいたら、二項にその反面としての義務を規定するくらいじゃないといけない、と思います。

レジメのところに挙げておきましたが、有名無実の規定が多いというのがあります。第十八条に「奴隷的拘束」なんていう言葉がありますが、日本には奴隷というものはなかった。アメリカの憲法をそっくりもってきたから「奴隷」なんて言葉がでてくる。そればかりじゃない、第八十九条、公のお金を私教育に使っちゃいかん、ということですけれども。これには慈善とか博愛ということも入っているので、そういうものをちょっとはずして読むと、「公金その他の公の財産は、……公の支配に属しない……教育……に対し、これを支出し、またはその利用に供してはならない。」と書いてあるわけです。

日本は、占領軍からこの憲法を受け取って困ったわけですよ。政府はこの規定により、はじめは私立学校に助成金を出さなかったわけですが、助成金がなくてはとてもやっていけないと私立学校から泣きつかれてね、国もそれはそうだということで、私学振興財団という外郭団体をつくって、そこに文部省が予算をどかっと渡した。で、私学振興財団が各大学にお金を配ったということです。ワンクッション置いたわけなんですね。そのために、その後、いろんな公法人ができて、同じやり方でやろうってことでね、天下りができたり、いろいろな問題が起きたのはそういうわけなんです。

アメリカの場合はキリスト教の教会が学校をつくって、ずっときたという経過がありますから、教育は寄付金で成り立っているわけです。日本にはそういう習慣がなかったわけですね。

これも、アメリカが錯覚して、アメリカと同じようにやれと、寄付でやれ、という考えだったわけなんです。

次に、第九条の問題ね。そこに条文を掲げておきましたけれどもね。その一項はよいって人が多いですけれどね。この書き方っていうのは、アメリカの下に植民地であった時代のフィリピンの憲法によく似ているんです。「お前の国は、一切盾突いちゃいけないよ、一切従え」と言いたいところなんだけども、そういっちゃうと表現が悪いってんで、「国際平和に協力する」っていう表現を用いるのが、植民地憲法のやり方なわけです。

マッカーサーは、六年間フィリピンの軍政官でおりましたから、そういうことをよく心得ている。だから、これだって問題があるんですけれどもね、これは深入りしないでおきましょう。ともかく「前項の目的を達するため」という芦田修正が入ったから、なんとか侵略戦争じゃないかぎりはある程度の武力を持てるという解釈ができたということはあります。

以前、当団体に属する学者が調べたところ、第九条について解釈がいくつあるか数えた。そうしたら、十八通りあるというわけです。国家の憲法というのは、ほんとうなら小学校の高学年あたりが読んですぐ分かる表現でなければまずいだろうと思うんですがね。それを、学者が集まって十八通りも解釈が分かれるという憲法でいいのか、ということですよね。そういう問題点がある。

しかし、平成二年、湾岸戦争があって、日本人の考え方が変わってきました。それまでは、土井たか子さん流の一国平和主義、自分の国だけ平和であればいい。平和であれば、よその国も攻めてこないし、それでいいんだ、というのがあったんですが、湾岸戦争で、日本は、武力を提供できないからといってお金を出したわけなんですよ。はじめ四十億ドル、つぎに九十億ドル、合計百三十億ドル出した。ということは当時のお金で、一兆七千億円ですよ。それだけのお金を出した。

その後、多国籍軍によって、クウェートが独立を回復したときに、その式典で参加国の旗がずらっと並んだ。ところがその中に日章旗がなかったわけですよ。だから一兆七千億円という膨大な戦費を出しても、協力国としての旗も上がらなかったということを、日本人も実感したわけ。

それ以来、日本人は変わってきたんですね。一国平和主義じゃだめだと。やっぱり国際貢献しなくちゃだめなんだと。だから、アンケート調査するとね、六十％前後が憲法を見直さなくてはだめじゃないかと。国際協力もできないような憲法じゃどうしようもないじゃないかということになったわけです。だから消極的一国平和主義から、積極的貢献的平和主義にならなくちゃいけないということに、国民の方が気付いてきているわけなんですよ。だから、政治家は、早く憲法を改正しなければならない。

五、憲法改正問題を扱うルールの欠陥

憲法改正を取り扱うルールに、日本人は認識に欠如があるんじゃないかと。さっき冒頭でいいました。ドイツ、これが五十六回も憲法改正しているということ。どうしてか調べてみました。ドイツでは現実と法が合わないと、「憲法がおかしい」「憲法改正しなきゃいけない」と。与党であろうと、野党であろうと手を挙げるんですよ。それが功績になるんですよ。そういうのを見つけ出して、憲法改正の声を上げるというのが、それがドイツのやり方です。日本人もそういう認識になってもらわなくちゃいけない。

昔は日本はそれどころじゃない。憲法改正なんていうとすぐにクビになった。栗栖弘臣統幕

議長、竹田五郎統幕議長等も「専守防衛」といってクビになる。そして、稲葉修法相、奥野誠亮法相、中西啓介大臣、それから永野茂門法務大臣も憲法改正を言って、野党から攻撃され、結局クビになる。我々は当時論拠資料をつくってそれはおかしい、といった。

なぜかと。彼らは誰も、いまの憲法を守らないなんて言ってない。守るけれども、将来を考えて改正した方がいい、といっているんだ。「立法論」なんですよね。これは外国じゃ問題にならないわけです。そういうことをね。お考えになっていただきたい。

やっと国民の認識が変わってきました。国会も憲法調査会を開き、憲法調査特別委員会と続いて、七年間審議して、国民投票法ができたのですから、国民の方がこれを理解して、改憲発議が国会でなされたら、真剣に検討して、賛成票を投じるようにしなければいけない、というのがきょうのテーマなんです。

だから、憲法審査会というのが、ほんらいは国会法改正によって、国民投票法と同時にですね、はじまっていなくちゃいけないのですが、一年間空転していることも、考えなくちゃいけない。

それは民生とか国民の生活も大事ですよ。だけど、憲法改正だって大事なんですよ。だから同時並行に考えるべきであって、審議しようと決めたことを一年間放置するというのは感心できないんじゃないか。だから国民の認識をここで変えなくちゃいけないんじゃないかと。

だから、憲法のような基本的課題は、政党、政治家の方々は、政争の具にしないでいただきたい、というのがお願いなわけであります。皆さんそう思いませんかね。（会場から大拍手）ありがとうございます。賛成の拍手をいただきました。ご清聴誠にありがとうございました。

（平成二十年五月三日、国民大会での講演）

第二章

大震災対策、尖閣事件などの侮りは、憲法問題！

今年の国民大会は、当団体の第三次改憲案の内容説明を申し上げる予定でしたが、本年三月十一日に、東日本大震災が発生し、大津波に加えて福島第一原子力発電所事故という国家的大被害が生じましたので、急遽、テーマを変更し、この問題を取り上げました。

議題と申しますのは、危機管理です。大震災・大津波・原発事故と、これはまさに国難とも言っていい事態です。これに対して、どうも対応が遅いんじゃないかということが、国民一般からも言われております。

で、諸外国の憲法をみるとですね。こういう非常事態には、まず宣言をする。かつ誰がその時の指揮をとるのか、ということを明らかにしているわけです。ところが、残念ながら、わが日本国憲法にはその規定が欠けている、という問題があるわけです。そこで、今年の大会は、そのことを問題にしたい、と思います。

もうひとつ、後半では、昨年の暮れから尖閣諸島沖で中国漁船を制止しようとした日本の海上保安庁の巡視船が、逆に体当たりを食わされて、それに対する日本政府の対応が悪いために、たいへんな侮りを受けた。

また、ロシアにおいては、メドベージェフ大統領が北方領土に上陸した。さらには副首相とかもですね、国防相も北方領土へ上陸した。というような侮りを受けた。残念ながら韓国も、竹島について実効支配を強めている。こうした侮りを受けているのはなぜか、ということについてですね、今日、お話を申し上げたい。

そして単にお話をするというだけではなくて、外国の事例はどうだと。また、日本とすればどういう規定をいまの憲法に置いたらいいか、というところまで踏み込んでみたい、と思います。

一、国家緊急事態、危機管理規定がない日本国憲法

日本は、昔から地震国として知られ、時には大津波があり、そういうのがずっと続いてきているわけです。原発事故だって今回はじめてのように思っておられますけれども、私が調べてみますと、過去に原発で二十回くらい事故が起きていますね。で、そういう中にあって、今回みたいに原発大事故まで生じた場合、いったいどうするのか。ただちに対応しなくちゃいけないのではないか。誰が指揮をとるのか、それが憲法に明記されていないようじゃ困るんですよ。

だから私はですね。「国家緊急事態、危機管理規定を憲法においてくれ」ということを、今日は申し上げたい。

現行憲法に、そうした規定がないのはなぜか。それは、いまの憲法は、日本が戦争に負けて、占領下で、マッカーサー総司令部（ＧＨＱ）がつくって、日本がそれを翻訳して受け入れたからなんですよ。占領下ですからね、当時。だから、国家緊急事態みたいなことが生じた場合はですね、占領下の日本政府でなくて、アメリカ軍がすべて対処するよ、ということだから、書いてないわけなんですよ。諸外国はですね、普通、そういう緊急事態に対する規定を憲法に載せております。

主要独立国のほとんどは規定を置いています。まず、ロシアの憲法を掲げてみましょう。すなわち、

ロシア憲法第八十八条　ロシア大統領は、ロシア連邦憲法および連邦の憲法法律に定める事由が有る場合その手続により、ロシア連邦の全土またはその一部の地域に非常事態を宣言し、遅滞なくこれを連邦会議および国家会議に通知する。

と書いてあります。

それからお隣の大韓民国憲法ですね、韓国憲法第七十六条にこう書いてある。

大韓民国憲法第七十六条①　大統領は、内憂、外患、天災、地変または重大な財政上および経済上の危機においては、国家の安全保障または公共の安寧秩序を維持するために、緊急な措置が必要となり、かつ、国会の招集を待つ余裕がないときに限り、最小限に必要な財政上および経済上の処分をするか、またはこれに関して法律の効力を有する命令を発することができる。

こうしてロシア憲法にも、韓国憲法にも、そう書いてあるわけなんです。

占領下につくられた憲法ですから、日本にはないですけれどもね、非常事態規定をおくのは、独立国であれば当然のことなのです。ですから、そういう規定をおいてくれということを、当団体は憲法改正案をたくさんつくっていますけれど、特に第一次案ですね。全文改正案としての第一次案、これは平成十五年につくりました。それにも書いてありますし、それから平成十九年の第三次案にも書いておきました。第三次案では、第七十八条に次のように置いたわけです。

◎新憲法第3次案　第七十八条〔国家緊急事態〕①内閣総理大臣は、国家の独立と安全保障、又は国民の生活、身体もしくは財産に切迫した影響を及ぼす緊急事態が発生した場合において、国家緊急事態を宣言し、必要に応じて緊急命令を発することができる。ただし、緊急命令には、期限を付さなければならない。（②、③は略。なお、百二十四カ条に及ぶ当「自主憲法」第3次案は、竹花光範憲法学会前理事長を中心に研究会を開き、学者・議員・会員有志によって検討され、起案編集された）

二、「緊急事態指揮権」が総理にあることを憲法へ

次に「緊急事態指揮権が総理にあることを憲法に明記してくれ」ということで掲げてありま

す。やはりこれもですね。そういう国家の非常事態が生じたときに、誰が指揮をとるのだろうということを、普通、憲法に明記してあるんですが、日本国憲法には明記していないために、誰が指揮をとっていいか分からない様子なのです。はじめは知事、それぞれ被災を受けた知事の責任だみたいなことをいって、それからしばらくすると官房長官あたりが出て説明するようになった。

それから原発の事故あたりになると、なんだか原子力安全・保安院なんてのが出てきたり、原子力安全委員会なんてのが出て説明する。一体、誰が取り仕切っているのか分からないわけなんですよ。で、こういうことでいいのかどうか。総理が自分が出てやるとなかなか言わない、ということがありますね。

で、どうしてそれがないかといいますと、さっきの非常事態宣言のところでもいいましたように、占領下にできた憲法ですから、そんなことはアメリカ軍がやるんだよと。日本人が占領下でやることはないよ、ということで書かないわけですね。

しかし、諸外国には、国家緊急事態下の指揮権者を明記している例が多い。アメリカなんかではですね、アメリカ合衆国憲法第二条、大統領というところですが、その第二節に〈大統領の権限〕というのがあるんですね。そこに書いてある。

アメリカ合衆国憲法第二条大統領　第二節〔大統領の権限〕①大統領は、合衆国の陸海軍および現に招集されて合衆国の軍務に服している各州の民兵の総指揮官である。（以下略）

これは、実際の戦争にならないでも、9・11のテロのときもですね、アメリカ大統領が総指揮をとってます。それからよくアメリカでは大ハリケーンがきますね。そういうときも広域災害であれば大統領が指揮をとるのが当たり前になっているわけです。最近、竜巻がありましたけれどもね、あれも何州かにわたった。州知事から要請があるわけですよ。州知事から「これだけの被害になっているから大統領たのむ」ということになれば、すぐに大統領が、オバマさんが指揮をとるわけです。そういう仕組みになっているわけです。ところが日本は誰が指揮をとっていいのか分からないということです。

さらに、例を挙げると、ドイツ連邦共和国基本法第百十五条のbというのがありますが、こ

れは〔連邦首相の命令・司令権〕という項ですけれどもね。ここに書いてあるのは

ドイツ連邦共和国基本法第百十五b条　〔連邦首相の命令・司令権〕防衛上の緊急事態の公布とともに、軍隊に対する命令権および司令権は、連邦首相に移行する。

ロシア連邦憲法も指揮権について憲法に明記しております。

ロシア連邦憲法第九十条　〔大統領令〕ロシア連邦大統領は、大統領令および命令を公布する。
②ロシア連邦大統領の大統領令および命令は、ロシア連邦の全領域においてその執行を義務づけられる。

というふうにはっきり書いてある。

さらに中華人民共和国はどうか。中華人民共和国憲法の第八十条。これは〔中華人民共和国

主席の職権〕ですけれどもね、そこにこう書いてある。

中華人民共和国憲法第八十条　〔中華人民共和国主席の職権〕中華人民共和国主席は、（中略）緊急事態へ入ることを宣布し、戦争状態を宣布し、動員令を発布する。

とはっきり書いてあるわけなんです。

だから日本国憲法もですね、繰り返しになりますけれども、当団体の平成十九年五月三日起案作成の第三次案第七十八条のような「国家緊急事態宣言」と「指揮権が誰にあるのか」はっきりさせてほしい。そういうふうに憲法を改正してほしいわけです。重ねて掲げますとね、「**内閣総理大臣は、国家の独立と安全保障、又は国民の生活、身体、もしくは財産に切迫した影響を及ぼす緊急事態が発生した場合において、国家緊急事態を宣言し、必要に応じて緊急命令を発することができる。ただし緊急命令には、期限を付さなければならない。**」と、せめて、このくらいのことは書いてほしい。

こういう広域災害においては、まず非常事態宣言をしてですね、総理大臣が総指揮権をもって、全体の指揮をとることを憲法を改正して、明記すべきなんですよ。そういう規定がないから、三月十一日からもう五十数日経ちましたが、いまだにごたごたしているということなんです。そういう点を皆様ご理解いただきたいと思います。

三、「日本国憲法第九条」の規定に問題がある

本日のもうひとつの課題は、冒頭に触れましたが、昨年暮れの尖閣諸島海域での中国漁船の体当たり。これに対する日本の対応が悪かったから、侮りを受けている。ロシアからも大統領が北方領土に上陸したなど侮りを受けている。韓国は竹島の実効支配を強めるということがあった。これはどこに問題があるのか。なんでこんな侮りを受けなきゃいけないんだろう。私は、憲法第九条に大きな問題があると、指摘したいわけです。

第九条の題目は〔戦争の放棄、戦力の不保持・交戦権の否認〕ということになっています。そこには、「**日本国民は、正義と秩序を基調とする国際平和を誠実に希求し、国権の発動たる**

戦争と、武力による威嚇又は武力の行使は、国際紛争を解決する手段としては、永久にこれを放棄する。二前項の目的を達するため、陸海空軍その他の戦力は、これを保持しない。国の交戦権は、これを認めない。」と書いてある。

近隣諸国からすれば、日本は、陸海空軍その他の武力を有しないし、交戦権さえ認めないっていうんだから、何をやろうが、反撃を受ける心配がない。日本の領土なんてのは、行って侵略し放題だよ、と考えるでしょう。だからこそ、私どもは、第九条を早く改正すべきだと。これこそ、大震災対策規定と並んで、去年の尖閣沖の事件をきっかけに、日本は、憲法を改正すべきだ、と主張しているわけです。

四、憲法をどのように改正すべきか

じゃあ、日本はどういう憲法をもったらいいか。それをいろいろ研究しました。第三次案、これは平成十九年につくったわけですが、私どもの案では「安全保障」という章を設けてですね、ここに七カ条をおいているわけです。

その一部を紹介しますと、第百九条〔自衛権〕というところにですね、「**日本国は自らの独立と安全を守り、急迫不正の侵略に対しては、これに対抗し防衛する権利を有する。**」とあり、さらに第百十条の第一項には「**日本国は、国防軍を保持する。**」と書いてあるわけです。

さらにですね、これもひとつの案ですけれど、当団体の第二代会長をされた木村睦男元参議院議長がですね、平成八年五月三日に、改憲案を出版して発表しています。そこでは四カ条六項目にわたって書いているわけなんです。

私も平成三年ですけれども第九条の本をだしました。そこでは、私は五カ条、十五項目置いている。一カ条に五項目ぐらいおいているわけです。そういうふうに細かく規定しております。というのはですね、いまの日本国憲法はたった一章に〔戦争放棄〕とあって二項しか書いてないわけです。そうするとね、非常に解釈があいまいになるんです。当団体の学者が二十年くらい前ですかね。その当時の憲法第九条に関する憲法学者の見解を洗い出したんですよ。

そうしたところが、なんと十八通りに分かれるってわけなんですよ、解釈が。いまだったらおそらく二十を超えているでしょう。それぞれの字句についてもそうですし、文言がどこにかかるかなどでですね、十八通りにも分かれる。そこがおかしいと思いませんか。

学者が解釈して十八通りにも分かれるなんて、そんな憲法がありますか？　私たちは、数十年前から言っているんですよ。第九条に関しても、小学校の高学年程度の人がね、読んで素直に分かる憲法じゃなくてはしょうがないだろうと。学者が解釈して十八通り以上に分かれるんじゃね、これが憲法といえるのか、ということを言ってきたわけなんです。第九条が一カ条しかないから、かえってこれでは誤解を生じる、いまのような規定の仕方では、いろんな点で誤解を招くと。

だから、むしろ詳しく書いた方がいいんじゃないかと。どういう場合において、武力を行使するのか。どういう条件のもとに国防軍を外国にだすのか、ということを、むしろ細かく決めた方が、国民にとって安心なんだと考えているわけです。当団体の改憲案は、会員の意見をまとめたわけなんですが、木村睦男元参議院議長の案もそうですし、私の案もたくさん条項を書いてあるというのは、それなんですよ。

そういうわけでね。だから本日の国民大会では、「広域災害など危機管理規定」「緊急事態対処規定」という言葉でもいいですよ。まず緊急事態だと宣言し、救済のための財政処置を早急に講ずる規定を憲法においてくださいと。その指揮をとる最高の指揮権者はいったい誰なのかも明文化する。そうした規定を、外国憲法並みに明記してほしい、との主張が、本日のテーマです。

それからもうひとつは、安全保障問題。外国から侮られないように、いまの憲法はちゃんと改正された方がいい。いまの憲法の条文を外国人が見たらね、侮る気持ちを持つのはあたりまえですよ。だからそれを改めてほしい。そして、これら安全保障や危機管理は、ある程度連結するわけですね。

今度の大地震や大津波をみてもね、戦争状態ですよ。戦争状態にあるような惨状を呈しているわけですよ。安全保障と危機管理、これこそは、日本国民への最大の福祉なんですよ。福祉っていうと年金だなんだかんだいろいろありますけれどもね。国の安全を保つってことが最高の福祉なんだ。だからそういう考えでね、きちんと憲法にそういう規定をおいてください。それが、本日の国民大会で、私が申しあげたいことなんです。ご清聴ありがとうございました。(拍手)

(平成二十三年五月三日、国民大会にて講話)

第三章　憲法改正の必要箇所を指摘し、問題提起する！

みなさんこんにちは。雨の中、ほんとによくお越しくださいました。こうやって拝見いたしますとね、なじみのあるお顔も拝見できますし、また新しくおいでになられた方もいらっしゃる。雨のため、多少出足が悪いようですけれども、これからおいでになると思います。雨の中おいでになられたみなさんに心から感謝をいたします。

今年の憲法大会のテーマは、「新憲法の第三次案を発表する」ということです。それについて、報道から「第三次案はもらったけれども、どういう特色があるんだ」というお電話もいただきましたのでね。今回は、その三次案の「特色」についてご説明を申し上げたいと思います。

お手元に三次案配布してありますね。それが、私がこれからお話しするその要旨です。それでは、早速本題に入りましょう。

いまの憲法には、第九条ばかりではなく、実にたくさんの改正すべき点があります。その改正すべき内容をご説明するわけですが、その前に、現行憲法には、形式面の誤り、すなわち法律用語の誤りが、実に二十八カ所もあることです。法律用語の使用は、法治国家において、その使用方法は特に厳格であるのに、その最高法規たる憲法に、法律用語の誤りが二十八カ所もあって、よいものでしょうか。

すでに三十五年ほど前、当団体の研究会に参加した法学者の方が、そうした見地から現行憲法を洗ってみると、二十八カ所も法律用語の誤りがあったのです。それは、年輩の方はご存知のように、日本を占領したマッカーサー将軍をトップとするＧＨＱ（連合国軍総司令部）が英文で作った案文を、数日で翻訳和訳して、急いで占領下の国会にかけた結果、といえましょう。

この点は、当団体が昭和六十一年の大会で発表した小冊子にその一覧を掲載しているので、今日はその詳細は申し上げませんが、例えば、「議決」という用語がたくさん出てきますが、「議決」には「可決」と「否決」があり、多くは、「可決」とすべきところを「議決」と表現しています。また、法律にせよ予算にせよ、可決されるまでは、法律案、予算案ですが、現行憲法では「予算案」と書くべきところを「予算」と書いています。

さらにおかしいのは、「放棄」です。これは「否認」が正しい。なぜなら「相続の放棄」という言葉がありますが、それは、その人に正当な「相続権」があるのにあえていらないという場合に使います。現行憲法には「戦争の放棄」と題する章題があり、文中でも「放棄」が使われており、それは「侵略戦争の放棄」をいうものと解されておりますが、そうなると法論理的に、「侵略戦争は正当の権利」かということになってしまいます。したがって、例えば韓国の憲法などでは、侵略戦争の「否認」と書いています。「否認」とは法律用語上、「正当な権利のあるなしにかかわらず、認めない」という趣旨だからです。

しかし、そうした形式論はさておき、今日、私は、現行憲法の各章、各条文のどこに「内容面」でおかしな箇所があるかを指摘し、それ故に、当団体の第三次案では、どう改めたかを、これからご説明、申し上げたいと存じます。

それに当たり、当団体が、この第三次案がまとめてきたその経過について、概略を申し上げますと、ま、団体ができたのは、昭和四十四年ですけれども、我々が研究をはじめましたのは昭和五十四年からです。毎月一回ずつ研究会を開いて、憲法改正の勉強をしてきました。ですから、もう三十三年以上も研究しているわけですが、昭和五十八年ころから、憲法大会のときに、毎年改正案を発表してきたという経緯もあります。それは世間でいう部分改正なんですが、それを全編まとめようということになったのが、第二代会長の木村睦男元参議院議長の時代ですね。

そしていろいろ検討した結果、平成十五年に第一次案ができた。それを補正する形で、平成十八年、第二次案を発表した。そして、平成十九年には第三次改正案ができて、今回はその第三次案を解説することになったわけです。

現行憲法の改正すべき箇所は、数えるのが大変なぐらいたくさんありますが、私の発表時間は三十分ということですから、現行憲法には、十カ章ほどありますが、今日は、その各章ごとに、二〜三の問題点を取り上げることにいたします。

一、前文

まず、前文ですがね、前文というのは、法文そのものではありません。第一条からの各条文の解釈の基準にはなりますけれども、法文そのものではない。したがって前文のない国の憲法の方が多いでしょう。

しかし、日本のように歴史の古い国は、前文があってもいいんじゃないか。特に日本国憲法は、占領下につくられた憲法で、いわばわび証文的な言葉が前文に並んでおりますから、そういう点からも、真に独立国として日本人が誇れるような内容に改めたいということで、改めて前文を書き直したというわけです。

二、天皇

そして、第一章は天皇の章ですね。ここには、はっきり一項と二項に書き分けました。一項に「天皇は、日本国の元首である」と書いてある。で、二項に「天皇は、対外的に日本国および日本国民を代表するとともに、日本国の伝統、文化、及び国民統合の象徴である」という表現で掲げてあります。

また、第二条の中に、「皇位継承に際しては元号を定める」ということを掲げてある。これは、古代から天皇が代わるときは元号を変えてきた伝統がありますから、伝統のひとつとして、元号を陛下の時世ごとに改めるということで入れました。

それからいまの現行憲法には、「天皇の国事行為は（途中略）内閣の助言と承認を必要とする」といっていますけれども、これは助言を受けて、さらに承認を受けることになるが、国家を代表する天皇に対して「承認を与える」という言葉は妥当ではない。だから、「助言」だけにして「承認」は外しました。

それからもうひとつの特色として、第七条で、天皇の「準国事行為」というものを置きました。これは前から学会で議論がありまして、いまの憲法に国事行為に当たるとする項目がずらっと並んでおります。

それ以外のものは私的行為というふうにとらえられるわけです。私的行為ということになりますと、国の予算は使えない。皇室の私の資産から出すということにもなります。だけど、みなさん、天皇は象徴としての行為というものがおありです。

それは、たとえば東日本大震災の時に、天皇、皇后両陛下が、何カ所も被災地をお回りになって、国民を激励されていますね。こうした行為は、確かにいまの憲法の国事行為の中に入らないといわれれば、それまでですから。そこで私たちは、そういう時のためにも「準国事行為」というのを第七条において、皇室の公費から支出するようにした、ということであります。

三、国民の権利及び義務

いまの憲法の第三章に、「国民の権利及び義務」という規定があります。基本的人権の保障ということは当然のことでありますけれども、やはり不適切な表現は変え、また時代の要請を入れて、人格権とか知る権利といったものを新たに置いております。

あるいは家庭の尊重ですね。現行憲法には「家庭」と言う言葉さえないわけですから、「家庭の尊重」ということを二十三条に置いております。

いまの憲法では、個人の権利をあまりにも強調するあまり、言いたい放題やりたい放題するのが権利だというとらえ方で、誤解されているからです。本来、権利と義務というのは盾の両面のはずなのでね。他人の権利を害してまで、自分の権利を主張してはいけない、というのが根底にあるわけですから。

ただ特色として、今回の第三次案では「義務」という言葉はやめました。というのは「義務」というと、どうもみなさんの意見を聞いておりますとね、昔からの感覚でしょうか、お上から押し付けられたというようなイメージを持つというわけなんですよ。それで我々はみなさんの意見を聞いて考えまして、それじゃあ「義務」という表現はやめて、むしろ個人の方から積極的に働きかけるような言葉、すなわち社会公共のために自ら貢献するという気持ちをこめて、「責務」という言葉に代えました。

ですから、新しい憲法案の第三十四条から第三十八条までですね。「遵法の責務」、法律を守るということですね。「納税の責務」「国家防衛の責務」「国家緊急事態下における協力の責務」さらには「公共財保守の責務」といったように「責務」という言葉で五カ条ほど掲げてあります。

四、国会

それでは、第三章「国会」ですね。当団体では、岸信介創立会長の跡を継いだ第二代目会長、木村睦男元参議院議長はですね。四年間にわたって参議院議長を務められて、名議長とうたわれた方ですが、参議院議長を二期務められて退任されて、うちの第二代会長になられた。私どもといっしょに研究された結果、なんと一院制を主張されたということですね。ただ木村先生の場合は、どちらかの院を廃止して、一方を残すという表現ではまったくありませんで、衆参の両院を同時に解消して、いわゆるガラガラポンで解消して、そして一院制にするという考えをとられたわけです。

木村先生の参議院議長をやられた時代は、近年のようなねじれ現象もなく安定していたんですが、しかし木村会長は、平成七年にはすでに「一院制にすべきだ」と。そして平成八年の春に、

『平成の逐条新憲法論』というご著書を書かれましたが、その中にもはっきりと「一院制にする」と提起されている。この点は、平成八年五月三日の国民大会にはそれをみずから発表されていますから、一院制を唱えたのはどこの団体よりも早い。

この五、六年を見ましてもね、衆参でねじれ現象が生じている。これはみなさんもおかしな目で見ざるをえない政局ですけれども。それを考えると、木村先生が平成八年にはもう発表されている。先見の明があったというべきだろうと思います。

で、我々調べてみますと、二百数十年前に二院制に疑問を呈している人がいるんですよ。それは、エマニュエル＝ジョゼフ・シエイエスという人がいた。この人は、フランス革命の指導者、五人のうちのひとりでね。後に革命政府の総裁となり、後には、元老院議長をされた人ですが、このエマニュエル＝ジョゼフ・シエイエスは、当時こういっているんです。「上院、何の用ぞ。もし下院と一致せば、無用の長物たらん。また両院の議決、一致せざれば有害たらん」。すでに二百数十年前にシエイエスが言ってることなんですよ。

そういう点でね、当団体は、衆参をガラガラポンして一院制にすべきだと主張した国内での最初の団体であることを、ご理解いただきたいと思います。これは大きな特色だと思います。

五、内閣

次の第四章「内閣」ですね。現行日本国憲法では「衆議院と参議院の議決が異なったときは、衆議院の議決が優越する」といった規定がありますけれども、先ほど申しましたように、国会を一院制にすればこういうめんどうな規定もなくなりますので、かなりすっきりします。

ただ、この章で、いくつか追加しました。たとえば第六十七条に「内閣総理大臣の臨時職務代行者」というのを設けました。これはどうしてかといいますと、かつて小渕恵三総理が現職のまま亡くなられたわけですね。そのとき次の総理ができたわけですが、疑義がある、事前にそういう委嘱があったかどうか分からないということで、ごたごたしたことがあるんです。そうした事態に備えまして、第三次案では、あらかじめ総理大臣の臨時代行者を指名しておく、という規定を置いたわけです。もちろん臨時代行ですからね、新しい総理が就任するまでの間ということですけれどもね。その間でも国家非常事態が起きたりする場合もありますから、やはり臨時代行者は置くべきだという考え方ですね。

それから第三次案の第六十八条と第六十九条「内閣総理大臣とその他の国務大臣は、就任に際して、忠実に職務を執行する旨を宣誓する」という規定を置いたわけです。これも大きな特色であると思います。

六、裁判所

大日本帝国憲法では、民事事件・刑事事件を管轄する司法裁判所とは別に、行政事件を管轄する行政裁判所がありました。しかし、現憲法では、行政裁判所はありません。

行政裁判所がなくて司法裁判所だけだと、民法や刑法の刑罰以上の重い刑を科すことが原則的にできないということがあるわけですよ。民間団体の中でもスパイ防止法ということが昔かいわれてね、努力している方があって、われわれも協力しておりますけれども、しかし量刑の問題でね、司法裁判所だけだと、故意に国家の機密を外国へ漏洩した公務員、すなわち国益を害した公務員でも、刑を重くすることが難しい。

だからやはり行政裁判所を復活して、国益に反するようなことをした場合には重罪を科していいと、一般の民法、刑法の犯罪以上の刑を科すべきだ、というふうに考えて、行政裁判所を設置するということにしたのも特色です。

七、憲法裁判所

次の第六章は憲法裁判所です。これはいまの司法裁判所ですと、憲法に適合するかしないかということで、特に政治問題が議題とされるような場合には、これまで最高裁判所までいっても、これは政治的問題だからって判断を避けちゃうんですよ。

したがって、これは憲法裁判所を置いて、憲法に適合するかどうかは憲法裁判所に判断させる。ドイツはじめ多くの国が憲法裁判所を採用しているわけですからね、日本も採用すべきではないか。

これはまたいい点がありましてね。憲法裁判所を設けて、憲法裁判所が「違憲」だと言えば、国会だって、憲法改正せざるを得ないわけです。憲法を改正する論拠のひとつになるわけです。憲法裁判所が違憲だといっているんですからね、国会だって法律を変えなければならない、という利点がでてくるというわけですね。そういう点でも憲法裁判所を置くべきだと。

ただ、その場合、考えましたのは、憲法裁判所の構成は十五人というふうに決めましたけれども、不公平になっちゃいけない。十五人誰を選ぶんだ。そこで五人ずつに分けた。五人は国会の議長が選ぶ、内閣総理大臣も五人選ぶ、最高裁の長官も五人選ぶというふうにしてね、五人ずつ選んで、十五人を憲法裁判所の裁判官とするというところも、工夫をしました。

八、財政

第七章、財政ですね。財政は、現行憲法の第八十九条に、公金の支出制限というのがあるわけです。そのために、私立学校や福祉施設に、公のお金を出すことができないという構成になっているわけです。ですから、教育界は困った。私立学校にお金を出せない。

これはアメリカの憲法をもってきたものです。アメリカだけじゃない、欧州もそうですけれどね。学校っていうのは、国が作ったんじゃなくて、昔からキリスト教会が作ってるんですよ。キリスト教会が学校を作ってきたから、寄付で成り立つという発想があるわけですね。日本みたいに国公立なんてことではないんですね、出発点が。マッカーサーをトップとする連合国軍総司令部（GHQ）は、欧米の学校はキリスト教会が信者の寄付を募って設立運営してきたという伝統から、日本でもそれができるという発想で、公のお金を私学教育に使っちゃいけない、という憲法を書いたわけです。

そのため、そうした欧米的伝統がない日本の私立学校は運営できず困っちゃったわけ。国も、これでは私学がみな潰れてしまうと憂えて、一計を案じた。すなわち私学振興財団という財団をつくって、そこにぽんと大金を入れて、私学振興財団が私立学校にお金を配るという方式をあみだしてやったんです。

ところがこういうやり方をあみだしたために、いま困っている。これはいい手だと。各省庁は外郭団体をつくって、天下りを入れて、そこにお金をプールしておこう、ということになったわけですね。

また、継続費という科目がいまの憲法にはないんですよ。単年度予算主義っていうんですけれどもね、予算は単年度ごとに決めるっていうのがいまの基本的方式なんですね。前の大日本帝国憲法には継続費があった。

マッカーサーがそれを排除した。なぜ排除したかというと、アメリカ側とすれば、日本は戦艦大和とか空母飛龍とか造った。これは四年も五年もかかると、それをやられたら、また戦艦大和をつくるし、空母飛龍をつくるかもしれない。だから単年度予算主義にしちゃえ。一年一年ごとでやるんだというしくみを押しつけた。そのために、日本は、長期継続を要する事業を実現するために、外郭団体を作って、そこでやる便法をとったので、埋蔵金だなんだのと問題になっているわけ。

ですから、継続費を復活して、やっぱり国家としては長期計画がいるわけですから、長期計画についてはむしろきちんと国会で審議できるようにした方がいい。外郭団体をつくってよく見えないようにするよりいい、ということですね。

九、地方自治

第八章へいきましょう。地方自治ですね。これもねぇ、「地方自治の本旨に基づいて」なんて言葉が冒頭に出てくるんですよ。この抽象的な言葉のせいか、地域主権なんて言葉が非常にはやってます。

だけど、憲法学者から言わせれば、やっぱり主権というのは国家の属性であって、各地域に主権があるわけがないってことですよね。だからこういった誤った「地方自治の本旨」なんて抽象的な言葉を置くと間違って解釈するから、当団体ではその言葉をやめて、「地方公共団体は、国と協同して国民の福祉の増進に努めるものとする」というふうに代えました。やはり国家と協同してやらなければいけないということですね。

それからさらに百七条で地方自治体は、国家緊急事態時には、内閣総理大臣の指揮下に入るということも入れました。大きな地震なんかの場合には、地方任せではすまないんですよ。外国による侵略の場合も当然ですが、総理が指揮をとらなければならない。その時には、地方自治体の長は、その指揮下に入る、ということを入れたというわけですね。

十、安全保障

第九章安全保障。安全保障は、とにかく、日本の現行憲法の第九条は、「武力の行使は永久に放棄する」「陸海空軍は保持しない」。さらには、独立国にはふつう認められる「交戦権さえ否認する」と書いてあるわけですから、これを自国語に翻訳してみた近隣諸国は、「日本の領海領土領空を侵しても、一発だって撃ってこない。安心して入りこもう」と侮りをうけるわけです。だから、こういうものは改正しなければならない。

そこで、当団体の案では、たくさん規定を置きました。第百八条から第百十四条まで置いたんですね。今回は一応、後ろの方、第九章というところに置いてみた。いまの日本国憲法では第二章に置いてますね。たった一カ条二項しかないんですが、しかし、これはやっぱり国家の重大事なんですからたくさん規定がいるんですよ。だから我々の場合は、七、八条は少なくともいるよと。

ただ第二章に置くと、みんなすぐ拒否反応を起こすのでね。後ろに置くのもひとつの手だと。というのは憲法の構成の仕方ですがね、憲法というのは本来平常時に作用するけれども、国家というのは非常時もある。非常時のことを後ろの方に規定している憲法もあるんですね。たとえばスイス憲法なんかもそうですし、ロシア憲法も、ドイツの基本法も後ろの方に置いています。だから、そういう書き方もありますよと。はじめから拒否感をもつようならば、後ろに置いたっていいんですよ、ということで、第九章に、今回置いてみた、ということですね。

しかし、国民の認識が高まって、やっぱり国家の存立にかかわるから、第二章に置こうということになれば、そこまで国民の認識が高まってくれれば、我々としても第二章に置くことに異論はありません、ということですね。

ま、安全保障と緊急事態対処規定は去年の大会でもよく説明申し上げて、ご理解いただきましたから、その程度の解説にして、先へ移りましょう。

十一、改正規定

第十章には改正規定があるわけですが。これはいまの規定ですと、「各議院の総議員の三分の二以上での発議」ということですから、衆議院も三分の二以上、参議院も三分の二以上となる。これではなかなか改正できない。そのために改正できないでいるんですから、これは緩めよう。いま国会内でもその点は、緩めようという動きがありますから、合法的にこれを改正して、それを二分の一の発議にするとかに緩める必要がある。

当団体では、改正案の提出は在籍国会議員の二分の一以上か、内閣からも提出できるように変えております。大幅に緩和しました。

十二、最高法規

最後に第十一章。最高法規という規定がいまの憲法にあります。最高法規っていうのはね、憲法は本来最高法規なんであってね、わざわざ最高法規っていう章を設けていいのかということはあります。

ただこれはアメリカの憲法がそうなっているから、占領軍とすればアメリカ憲法に準じてということで最高法規ということを置いたんですね。で、現行憲法の第九十七条に、基本的人権の本質と題する条文があるが、これは前文にも書いてあるし、第三章にも書いてあるのに、繰り返してここでも言っているわけですよ。もうすでに基本的人権の尊重は日本でも定着しているしね、何度も同じことを言う必要はないだろうと。だから、これははずしました。

もうひとつここで特色としてはですね、いまの憲法の第九十八条ですね、第一項で、憲法を尊重しなければならない、憲法順守主義を謳っている。二項で条約を守らなければならないと書いてある。そのために学会で、憲法優位説と条約優位説と二つに分かれちゃうんですよ。どっちが上なんだと。ふつう、第一項に書いてあるのが原則ととらえますから、じゃあ憲法順守が優位で、第二項の条約の方が下位か、ということになりやすいんですね。そこで当団体は、それをばらばらにして別の章にして、少し離して条文を置き直しました。

十三、集団的自衛権

集団的自衛権の問題になりますけれども、国連憲章にも日本は加入しております。昭和二十七年に、国連に申請して、三十一年に国連加盟が認められた。その国連憲章の五十一条には、「加盟国には個別的自衛権と集団的自衛権が認められている」としているんですよ。日米安保条約にはもっとはっきり書いてあるんですよ。「日本とアメリカは、国際連合憲章に定める個別的または集団的自衛の固有の権利を有していることを確認し」と書いてある。だから、国連憲章でも、日米安保条約でも、個別的自衛権ばかりじゃなく集団的自衛権も認めているわけですから。政府は、内閣法制局の「集団的自衛権はあっても行使できない」という解釈の方を変えなくちゃおかしいわけですよ。憲法と批准した条約とが違う場合、どっちに従ったらいいか分からないということになりますから、その点を考えて、改正をしたという点が特色です。

それでは、もう時間がきておりますので、やめたいと思います。で、壇上に、四本の垂れ幕を掲げましたけれども、私は、右から二本目の「憲法の改正箇所を提起する！」というところを話しました。

これから講話される高乗先生、それからつぎつぎとおいでになる国会議員の先生方、とくに国会議員の先生は、国会におられて、やっぱりご体験上、ここは憲法を改正すべきじゃないかというところはおありになると思いますので、そういうお話をしていただくということにいたしたいと思います。だからまさにこれは垂れ幕にある「改憲なくして日本再建なし！」ということなんです。今日お話したことだけでもこれだけおかしなことがある。ドイツのように五十八回改正しているのに、日本は六十年以上一度も改正していないので、こうしてたくさんおかしな箇所があるんですよ。

最後に垂れ幕に「憲法・安保・経済は超党派で！」と書きました。これは、憲法改正問題はやはり超党派でやらなくてはいけない。幸い、今日は民主党さんからもおいでになっておりますし、みんなの党からもおいでになる。自民党はもちろん何人かお見えになっているということでね、垂れ幕どおりの姿、形になってまいりました。

時間が限られておりますので、急いで解説いたしましたが、以上で私の当団体の第三次憲法改正案の「特色」の説明を終わらせていただきます。どうもご清聴ありがとうございました。(拍手)

(平成二十四年五月三日、国民大会にて講演)

第四章　独立国の体裁をなしていない日本国憲法！

みなさん、五月三日というと大連休のなか日ですが、とくに今年の大連休は、前半と後半に分かれて、後半の初日というような状況。そういう状況で、みなさんいろいろとご予定があったと思われますが、こうしてご出席いただきましてほんとにありがとうございます。国を思うということでね。まさに同志でいらっしゃいますけれども、お出でいただいたことに、心から感謝を申し上げます。

私はお話をするテーマを毎年変えてはおります。しかし、今年のテーマはですね。プログラムにもありますように、「独立国の体裁をなしていない日本国憲法!」ということにさせていただきました。ま、限られた時間ですからね、早速、本題に入らせていただきたいと思います。

ただ憲法の話というのはね、どうしても多少は難しくなりますのでね。資料を用意しておきました。お手元の封筒の中をご覧いただきたいんですが、「独立国の体裁をなしていない日本国憲法!」という題が書いてあるレジメ資料が二枚入っております。それは横書きのものが一枚、縦書きのものが一枚あります。これをご覧いただきながらお聞きくださるよう、お願い申し上げます。

一、植民地と独立国の憲法

まず、そこにははじめに一として、そこに「独立国と植民地ないし半独立国～」というような表題で書いてあります。こんにちでは、あまり植民地という言葉はお聞きにならないと思います。しかし半世紀くらい前まではね、とにかく植民地の方が多いわけですよ。だから終戦まででは、植民地の方がたくさんありまして。これは、だいたい戦後独立しましてね。いまは、国連に加盟している国がだいたい二百カ国くらいあるわけです。

で、植民地とは何かということですよね。植民地といえば、平たく言えば主人に従属した地域、といっていいでしょうね。反面、そうした従属地域を所有する独立国家を宗主国といいます。

では、植民地はどうして生まれたか？　それを少し振り返ってみたいと思います。西暦の十五世紀に大型の帆船が建造されまして、ご承知のように大航海時代というのが始まるわけです。そしてアメリカ大陸などが発見される。

当時の武力を誇る国々、たとえば、当時の大国としては、スペインやポルトガル、イギリス、フランスなどがあったわけですが、そうした武力の強い国々が世界の地域を切り崩していく、そしてそれを占領して支配する。そしてそうした地域に自国民を移民させ移入させて支配させる。そこで植民地という言葉が生まれるわけですね。

当初は、植民地に本国たる宗主国の法律を適用して支配したということがありますが、十八世紀以降になってくると、支配するにあたっても法律をちゃんと決めなくちゃいけないということで、植民地にも憲法を認めるようになるわけですね。

ですから、植民地にも憲法がある。宗主国にも憲法がある。両方に憲法があってわずらわしいじゃないか、どっちにも憲法がある。で、皆さん方どうですかね。独立国というとみんな憲法をもっていると思っていらっしゃる方がおられると思いますけれども。当時は、なにも独立国だけではなく植民地も憲法をもっていたわけですから、よけい混乱するわけです。

じゃあ、植民地と独立国の憲法はどう違うのかということになるわけですね。独立国の憲法というのは定義すると、そこにも書いておきましたけれども「他国に従属しない外交権を持ち、みずからの国はみずから守る体制を有する国家」を独立国と言っていいでしょう。

では、次に植民地というのはどういう特色を持つのかと。植民地にはまず、非常事態への対処規定がないということですね。これはどういうことかというと、これは後に、先年の東日本大震災についても触れますけれども、国であれば、いつかは平常時と違って非常事態が起こるということがあるわけですが、そういう非常事態に対する宣言規定が一般的に植民地にはなかったということですね。

それはどうしてかというと、そういう非常事態が起こったら、すぐ宗主国が対応するんだと。だから、植民地自体に何か非常事態があったと、他の国が攻めてきたとか、大きな自然災害があったという場合でも、宗主国が指揮をとったわけです。だから、植民地にはそういう規定がなくてもいいんだ、ということなんですね。

つぎに、植民地には外交権が無い。仮に規定があっても、その場合は外交権については宗主国の外交権に従うと規定しています。

さらに、植民地には軍事権が無いわけです。一般的に軍事権を持たせると反乱やなんかを起こすといけないということで、こういうのは認めないという方針が、宗主国にある。仮に植民地の憲法に軍隊等を置いたとしてもね、やはりその指揮権は、宗主国から派遣された軍政官等が持つ、という形になっていたわけです。

で、だんだん植民地、従属国というと、だいたい十九世紀くらいになると、「お前の国は植民地だよ。独立国じゃないよ」と露骨にいうと、やっぱりその植民地の人が不快な感じをもつということで、表現を変えるわけですね。

だから、当時の植民地の憲法を見ると、「一般に承認された国際法の諸原則を、国際法の一部として採用する」ってな表現を使うわけ。これは非常に回りくどい話ですけれどもね。国際法の諸原則、それから国際法の一部をとりいれる、という表現は、宗主国に従うということにほかならないわけです。植民地に認められた憲法は、そういうような表現を使うようになった、ということを理解する必要があります。

二、アメリカと憲法

さらに、アメリカの歴史を振り返ってみましょう。アメリカだって植民地から出発したんですからね。コロンブスがアメリカ大陸を発見したのは、一五〇〇年前後でしたね。そうして先ほども言いました。スペインとかフランス、イギリス等々は、南北アメリカ大陸各地へ植民地をつくったわけ。それぞれの宗主国が違って、スペインだったり、イギリスだったり、フランスだったりしたわけです。今のアメリカ東部にも十三州の地域ができた。植民地ができた。で、一七七五年にですね、アメリカ、今の東部にある植民地十三州が集まって、宗主国から独立しようと、とにかく十三州が集まって、独立宣言しようと、運動を起こします。これに対して、主としてイギリスが、異を唱えて、アメリカ大陸に攻め込んでいくわけです。しかし、この十三州の連合軍はイギリス軍と戦って勝利をおさめ、翌年の一七七六年に独立宣言をして、アメリカは独立して、一七八八年にはアメリカ合衆国憲法ができるわけです。そして、十三州から始まったアメリカは、外交交渉で獲得したり、あるいは戦争で獲得したりして、いまのようなアメリカ合衆国の領土が確立してきたわけです。

さらに、一八九八年、十九世紀末ですが、アメリカはスペインと戦いまして、その戦争に勝つわけです。そしてスペインが領有していた植民地であるフィリピン、グアムを獲得するわけです。ハワイなんかもその当時に合併しますけれども。こうして一八九八年、アメリカはフィリピンを植民地としたわけです。

そして、それから下って、第二次世界大戦が始まったころを見てみましょう。当時、アメリカは、植民地フィリピンに憲法を与えているんです。与えてはいるんですが、軍政官を派遣してこれを統治しております。一九三五年ですから、昭和十年ですね。アメリカからフィリピンに派遣されたのが、誰かといいますと、マッカーサー将軍ですね。それまでは陸軍参謀本部長を務めていたわけなんですが、このマッカーサーに元帥という称号を与えて、そして軍政官としてフィリピンに派遣した。こうして、マッカーサーは六年間にわたりフィリピンを統治していたわけです。

三、日本国憲法の成立

そして、皆さんご承知のように一九四一年、昭和十六年十二月、真珠湾攻撃によって、日米が開戦すると、当時の日本軍は破竹の勢いで、フィリピンを翌年攻略して、そこにいたマッカーサー将軍は、「アイ・シャル・リターン」という言葉を残して、コレヒドール島という半島から脱出してオーストラリアに退去しました。

戦闘は、ご存知の通り四年間近い激戦の末に、日本は、連合国のポツダム宣言を、昭和二十年八月十五日に正式受諾したわけです。そして九月に、マッカーサー元帥は連合国軍最高司令官として、厚木飛行場に降り立ち、以来、日本を統治するわけです。

で、占領政策としてマッカーサーは、大日本帝国憲法に変わる憲法を早くつくれと求めてきたわけです。日本側もいろいろと案文を出したんですが、アメリカのマッカーサーの納得するところとならず、ついにＧＨＱに命じて、いまの現行憲法の日本国憲法の原案をつくった。これを和訳して、そしてただちに日本の国会にかけさせた。一週間前後でつくらせ、和訳したのが、いまの日本国憲法だということは、年輩の方はご承知のことだと思います。

四、植民地フィリピンの憲法

マッカーサーが六年間にわたって統治していたフィリピンの憲法は、どんなことが書いてあるかふれておきましょう。その植民地下のフィリピン憲法第二条の三節というところには「フィリピンは、国策遂行の手段としての戦争を放棄し、一般に承認された国際法規の諸原則を国内法の一部として採用する」。ここでも「戦争放棄」という言葉が出てきます。それから、「一般に承認された国際法規の諸原則を国内法の一部として採用する」ということは、外交権がないということを意味すると解されました。

それから、当時のフィリピン憲法に附則というのがありますが、そこの第一に、「フィリピン市民のすべて、アメリカ合衆国に対し忠誠を尽くす義務がある」と書かれている。さらに附則の第十二には、「アメリカ大統領の命令があれば、フィリピン連邦政府の組織する当該武装部隊及び軍隊を動員する権利を有する」と書いてある。まぁ、軍隊は認めたけれども、それはあくまでもアメリカ大統領の命令によると書いてあるわけ。これが植民地の憲法の特色なわけです。

すなわち冒頭でも言いましたように、植民地・従属国には外交権と軍事権がない。非常事態対処規定もないっていうのが特色になるわけですが、でも、これは、アメリカの方はまだいいと思います。他の国、名前は挙げないですが、植民地に憲法も与えないといった、もっとひどい統治をした国がたくさんあります。アメリカはまだまだいい方です。こういう問題は、私がすでに平成三年の五月に、その詳しい経過を冊子にして出版しました。だいぶ前ですね。二十年前ですか。そして平成四年に、これを土台に、ブレーン出版という出版社がこういう本にしてくれました。これは、出版社がタイトルをちょっと変えてくれまして、『憲法改正入門』とし、副題として『第九条の具体的改正案を提示』としてくれましたが、そこに詳しく書いてあります。

五、植民地憲法の特色

さて、「現行日本国憲法が独立の体裁をなしていない」ということはいまお分かりになったと思いますが、その要旨を繰り返しておきますと、ひとつは非常事態に対処する規定は宗主国が対応するので植民地憲法にないこと、それから外交権は制約されること、そして軍事権は放棄するか制約されること、というところが植民地憲法の特色になってくるわけですね。

おととしの東日本大震災で、政府の対応が非常に遅かったというは、非常事態に対する権限・規定が、いまの日本国憲法に規定されていなかったということにも原因があります。一昨年の五月三日の国民大会では、当団体の第三次案の解説を予定していたのですが、三月十一日の東日本大震災が発生しましたので、第三次改憲案の解説は、急遽、一年延ばしまして、わが国の憲法に非常事態の諸規定がない問題に切りかえ、あの東日本大震災の五十日後の五月三日には、皆様にそのお話を申し上げた、という次第です。

すなわち、非常事態が起こった場合には、普通の独立国、主権国であれば、まず誰が指揮をとるのかということが書いてある。それから第二として、非常事態宣言というのを発するわけですね、次にそういう大災害があった場合、お金がかかるわけですから、緊急財政処分という規定がなければいけない。この三つがなければ、時の政府は平成二十三年のように対応が非常に遅れるわけです。平成二十三年の五月三日の国民大会の時は、東日本大震災の五十日後でしたが、この問題を早々と指摘したわけです。

六、非常時の規定があった大日本帝国憲法

なお、前の大日本帝国憲法にははっきり規定がありました。ですから、大正十二年の関東大震災ね。あのときにはですね、九月一日ですけれども、即座にその日のうちに、首相が緊急事態宣言を発しております。そして、その翌日九月二日には、緊急財政処分という、予備費等からちゃんとお金を出すようにした。そのために、あの当時は木造住宅がほとんどで大火となり、多くの死傷者、大きな資産の焼失がありましたが、それでも救済がはかどったということがあ

ります。

そして、復興に当たっては、実務能力を知られていた後藤新平が内務大臣兼帝都復興院総裁となり、この人が大ナタをふるって、いまの「昭和通り」なんかをつくるわけですね。防火のために広い通りをつくる。あるいは中央線を長く延ばす、というような対策を講じたわけです。しかし、今回は、今の憲法に規定がないことも災いして、なかなかはかどらない、ということがあるわけです。これもまぁ、一昨年も話しましたから、そのくらいにして、次の問題に移りましょう。

七、第九条の問題

次は、去年の大会でもちょっとふれましたけれども、第九条問題。去年の大会ではいまの憲法では十一章ありますけれども、その章ごとに問題点が多いというのを一〜三挙げたわけですね。そのときに第九条も取り上げまして、いまの憲法の第九条を要約すれば、「武力の行使は永久に放棄する」と書いてある。それから「陸海空軍その他の戦力を保持しない」。三番目には、普通独立国には認められる「交戦権は認めない」と書いてあるわけです。軍事的なことは、もう、すべてやってはだめだと書いてある。

そこで、きょうはこうした植民地体裁の憲法をもっていると、どうなるのか。外交権についてはね、アメリカが具体的に占領してましたから、在外公館を閉鎖させて、実質上外交を許さなかったわけですから、外交権はいったん停止しており、外交権は、独立した昭和二十七年にやっと復活したといっていいでしょう。それまでは実際上占領されているわけですから、どうにもならなかったわけです。以上のべたように、今の日本国憲法は、早く言えば、植民地または半独立国の様相をもった内容だ、ということをご承知いただいて、だからこそ、これは何とか直さなくちゃいけないというのが、我々の考え方なんです。

八、非常時に対処できる憲法の規定　清原試案

次にそのお手元の中に、表題は同じように「独立国の体裁をなしていない日本国憲法」ですが、縦書きのレジメが入っております。それをご覧いただきたい。ここで、考えていただきたいの

は、国家は、平常時が一般ですけれども、非常時だって起こりうる、ということですね。だから、普通の独立国の憲法には、平常時のことも書いてある。しかし、非常事態が起きたときは、こう対処する、ということも書いてある。

ところが、日本国憲法には、危機管理や侵略という課題について平常時についても、ろくに書いていない。非常時についての規定はまったくないということですね。

東日本の大震災でも、時の総理、名前はいいませんが、「自衛隊の総司令官は自分なの？」って聞いたという話がありますけれども、あの大震災の時、誰が総指揮官なのかということもご存知ない。だから、誰が指揮をとるのか、憲法上はっきりさせておかなければならない。

そして、その指揮をとる人が、「いまは非常事態なんですよ」という非常事態宣言をしなければならない。そして次に、その救済に当たるために、資金を、お金を、出さなければならない。それを、「緊急財政処分」といいますが、緊急にお金を出すよという処置を講じなければならないわけです。まず、この問題から入っていきたいと思います。

じゃあ、どういう規定をおいたらいいのか、ということですね。それが縦書きでちょっと、枠囲みにしてありますけれども、第二章というのを置いてみました。

第二章〔天変地異ないし産業大事故に対処するための危機管理〕

第九条〔大震災・大津波・大事故対策〕

① わが国が、地震国であり、火山噴火国であり、また、時には大津波に襲われる国柄であることに思いをいたし、国は、全国の複数個所に、断層のない堅固な地盤を選定し、人命救助のためのヘリコプター、重機、医薬品、食料、燃料などを備蓄する常設の基地を設ける。

② 国は、国民に被害を及ぼすような、暴力テロ、薬物・生物テロ、あるいは、インフルエンザの流行など、広域被害の可能性について、日頃から情報を集めて予防策を講じ、もし、そうした事態が顕在化した場合には、直ちに、対処する措置を講ずる。

③ 原子力発電所ないし特別大きな被害をもたらす可能性のある化学処理工場などについては、万一、事故が発生し、また国外・国内テロ行為に対処するため、諸外国なみに、警察機動隊ないし国防軍をして、日頃から警護するものとする。

で、「天変地異ないし産業大事故に対処するための危機管理」。こういうときのために、この試案の第九条として、大震災・大津波・大事故対策としたわけです。これは、予防的、事前的対策として、平常時から、こういう規定を置いておくべきだ、ということです。そこでまず最初に、「①わが国が、地震国であり、火山噴火国であり、また、時には大津波に襲われる国柄であることに思いをいたし、国は、全国の複数個所に、断層のない堅固な地盤を選定し、人命救助のためのヘリコプター、重機、医薬品、食料、燃料などを備蓄する常設の基地を設ける。」というような規定を置いたらどうか。

これは、ロシアとかドイツなどはかなり詳しく書いておりますから、日本もこれくらいのことを書いてもいいのではないか。

それから第二項ですね。「②国は、国民に被害を及ぼすような、暴力テロ、薬物・生物テロ、あるいは、インフルエンザの流行など、広域被害の可能性について、日頃から情報を集めて予防策を講じ、もし、そうした事態が顕在化した場合には、直ちに、対処する措置を講ずる。」という規定も置いておきたい。

それから第三項として、「③原子力発電所ないし特別大きな被害をもたらす可能性のある化学処理工場などについては、万一、事故が発生し、また国外・国内テロ行為に対処するため、諸外国なみに、警察機動隊ないし国防軍をして、日頃から警護するものとする。」。アメリカやフランスなど、原発をもっている国では、軍隊が護衛しております。

条文には、警察機動隊としましたが、よその国では特別武装警察というような表現もありますね。国際テロ組織でも、バズーカ砲なんかをもっている場合もありますから、これに対して、ピストルだけでいいのか、ということもあります。とにかくいずれにしろ、原子力発電所などを守るには、よその国では国防軍を出している。日本もそうすべきじゃないか、ということを書いてある。

第十条〔大震災・大津波・大事故が発生した場合の対処〕

① 大震災・大津波・大事故に備え、一都道府県にとどまると否とに関わらず、天変地異あるいは構造物大事故が発生した場合は、内閣総理大臣が判断し、直ちに救済のための指揮をとる。

内閣総理大臣は、状況に応じ、担当国務大臣を指名し、指揮をとらせることができる。

② 内閣総理大臣は、状況により、国家非常事態宣言を行い、また、その対策のため、予備費などから緊急財政処分命令を発する。
その場合は、事後に国会の承認を求めなければならない。

③ なお、大震災・大津波・大事故への救済にあたり、消防、警察、労力提供者だけでは、救済がむずかしいと判断する時は、内閣総理大臣は、国防に妨げない範囲で、国防軍に出動を命ずることができる。

次にこの第十条。今度は現実化した場合ですね。この大震災・大津波・大事故が現実に発生した場合の対処がここに書いてある。「①大震災・大津波・大事故に備え、一都道府県にとどまると否とに関わらず、天変地異あるいは構造物大事故が発生した場合は、内閣総理大臣が判断し、直ちに救済のための指揮をとる。内閣総理大臣は、状況に応じ、担当国務大臣を指名し、指揮をとらせることができる。」これは、たとえば阪神淡路大震災、兵庫県が中心だったですけれども、ここに「一都道府県にとどまると否とに関わらず」と書いたのは、やっぱり被害が大きいと判断した場合には、仮に関東大震災のように東京都が中心であったり、阪神淡路大震災のように兵庫県であっても、これは大災害である、一地方自治体に任せておけない、ということでね、やっぱり総理が指揮すべきだ、ということを記述したわけです。

それから、②のところ、「②内閣総理大臣は、状況により、国家非常事態宣言を行い、また、その対策のため、予備費などから緊急財政処分命令を発する。」

これは、さっきも述べたように、まず指揮者たる総指揮官が決まって、その人が状況を見て国家非常事態宣言を発する。そしてさらに、緊急財政処分ができるようにしておく。これは、阪神淡路大震災でも、東日本大震災の場合でも、瓦礫の下に埋もれた人を、一刻も早く助け出さなければならない。あるいは怪我した人のために一刻も早く手当てをしなければならない。それから、道路の復旧のためにも大きなお金がかかる、ということですから、早く予算措置を講じなければならない、ということですね。

しかし、その次に、「その場合は、事後に国会の承認を求めなければならない。」とした。こうした非常事態では、事前に承認を受けている時間的余裕はないですから、こういう緊急事態の場合は、事後に国会の承認を求める、ことになります。

さらに「③なお、大震災・大津波・大事故への救済にあたり、消防、警察、労力提供者だけでは…」。労力提供者としたのは、その地域の消防団やボランティアのことなんですけれども、「ボランティア」という表現では憲法の条文に合うかなということで、「労力提供者」としたんですが、その「労力提供者だけでは救済が難しいと判断する時は、内閣総理大臣は、国防に妨げない範囲で、国防軍に出動を命ずることができる。」と書いてあります。

「国防に妨げない範囲で」と書いたのは、東日本大震災のときに時の総理は十万人を動員したわけですね。陸上自衛隊を中心に十万人を動員したわけですね。そのためにですね、国防力が非常に低下した、という事態があります。一挙に十万人を動員しても、私が自衛隊の方に聞いた話では、寒い中、救済に当たれるのは限られた人だけ。あとは後方で待機していなくちゃいけない。寒さに耐えながら待機していたということがありますから、こう書いた。しかも、戦国時代もそうですが、自然災害があったからといって、近隣諸国は猶予してくれるとは限らない。むしろ、それを好機と見て攻め込んでくる場合も多い。東日本大震災の折も近隣諸国の戦闘機が接近してきて、自衛隊機のスクランブルが大幅に増加した事実もあります。

まず、レジメにある第十一条をご覧ください。

第十一条〔平時における国防軍〕

① 国は、独立国家として、国民、およびその領土・領海・領空を護るために、国防軍として陸海空軍その他の戦力を保持する。

② 国防軍の最高指揮監督権は、内閣総理大臣に帰属する。

③ わが国は、国際協調主義を基調とし、侵略戦争を否認する。ただし、国際社会で認められる自衛権は保有する。

④ 内閣総理大臣は、加盟している国際連合憲章に基づき、その要請・依頼に基づき、国際秩序の形成、維持、発展のため、国防軍を他国に派遣することができる。その場合は、事前ないし事後に国会の承認を得なければならない。

⑤ 国際連合により、停戦監視、救援、輸送、医療、難民救済などにつき要請のあったときも、その目的のため、陸海空軍その他の人員を海外へ派遣することができる。

⑥ 国は、批准・加盟している国際連合憲章第五十一条に基づき、個別的自衛権とと

もに集団的自衛権を保有する。
⑦　わが国と同盟関係を締結した国との間では、特に否定しないかぎり、集団的自衛権の行使は当然である。

この条文は、実際に、外国からの侵入・侵攻がある場合で、そうした事態での安全保障対策についても、きちんと規定した方がいい。

いまの憲法はですね、第九条の規定は、二十年近い前にですね。当団体に参加された憲法学者が、いろいろ調べた結果、第九条の規定のそれぞれの用語をどう解釈するか。あるいは二項の冒頭の「前項の目的を達するため」がどこにかかるかをめぐって、学者によって十八通りの考え方がある、ということを研究した方がおります。

学者が集まって十八通りも見解が分かれるようなものを置いといていいものかと。こういう規定こそ、小学校の高学年が読んですぐ分かるようじゃなければ困るじゃないか、ということなんです。

だから、第九条という一カ条だけじゃむしろ誤解を生む。五〜六カ条にわたって具体的な規定をもっと設けておいた方がいい。詳しく書いた方が、国民も理解するということなんです。

そこで、私はこの試案の第十一条を置いてみたわけです。これは、平時における国防軍ですね。①として、「国は、独立国家として、国民、およびその領土・領海・領空を護るために、国防軍として陸海空軍その他の戦力を保持する。」。「国防軍として」という言葉は、平成十五年に起案した私どもの第一次改正案で、すでにこの言葉を使っています。それから②として「国防軍の最高指揮監督権は、内閣総理大臣に帰属する。」。これも前に説明しました。「③わが国は、国際協調主義を基調とし、侵略戦争を否認する。」。これは現行憲法の第九条では「放棄」という言葉を使ってますけれどね。これは再三過去の大会でも私がいいましたけれども、「放棄」という言葉はね、「相続放棄」という言葉があるように、「相続権」という権利があるけれども、それをあえていりませんよ、という場合が「放棄」という用語なんです。そうすると、現行憲法の第九条の解釈では、一般にこれは侵略戦争を放棄したのだと解されていますから、すると「侵略戦争」は正当な権利かということになり、法的におかしい。これは、「否認」という言葉を使うのが正しい。否認というのは、正当な権利のあるなしにかかわらず、認めない、という法律用語です。お隣の韓国憲法でも「否認」といっている。なお、③のところに但し書をおいた。「ただし、国際社会で認められる自衛権は保有する。」とはっきりと、ここで言った。これは、独立国家の憲法として当然なことだからです。

次に「④内閣総理大臣は、加盟している国際連合憲章に基づき、その要請・依頼に基づき、国際秩序の形成、維持、発展のため、国防軍を他国に派遣することができる。その場合は、事前ないし事後に国会の承認を得なければならない。」とした。

それから「⑤国際連合により、停戦監視、救援、輸送、医療、難民救済などにつき要請のあったときも、その目的のため、陸海空軍その他の人員を海外へ派遣することができる。」

⑥「国は、批准・加盟している国際連合憲章第五十一条に基づき、個別的自衛権とともに集団的自衛権を保有する。」。これは、「国連憲章」に、はっきりそう書いてあるんですからね、はっきり書いておいた方がいい。日本だけが、「集団的自衛権はあっても行使できない」なんて解釈を採る必要はない。

それから「⑦わが国と同盟関係を締結した国との間では、特に否定しないかぎり、集団的自衛権の行使は当然である。」。同盟国である以上、当然集団的自衛権行使はあたりまえ。いまの日米安全保障条約、これにも冒頭に、「個別的又は集団的自衛権の固有の権利を有していることを確認し、」と書いてありますから、この条約を国会で承認し批准公布したのですから、当然これは許されるわけです。

第十二条〈他国からの侵略など国家非常事態への対処〉

① 日本国は、自らの独立と安全を守り、急迫不正の侵略を受けた場合は、これに対抗し、防衛する権利を有する。

② 他国からの侵略、国際テロ、内乱などが生じた時は、内閣総理大臣が総指揮をとる。内閣総理大臣が欠けた時は、副総理大臣、副総理大臣も欠けた場合は、国会議長、さらに憲法裁判所長官が、これに当たる。

右の場合、その意を受けて、防衛大臣が、統合幕僚長および陸・海・空各幕僚長の意見を聞き、その実際の指揮に当たる。

③ この場合、安全保障条約を締結している国と、早急かつ緊密に連絡をとり、戦略的・戦術的に効果的な対策を講ずる。

この第十二条も読んで字の通りですが、一応解説しておきましょう。まず、「①日本国は、自らの独立と安全を守り、急迫不正の侵略を受けた場合は、これに対抗し、防衛する権利を有する。」。独立国ですからね。

それから、「②他国からの侵略、国際テロ、内乱などが生じた時は、内閣総理大臣が総指揮をとる。内閣総理大臣が欠けた時は、副総理大臣、副総理大臣も欠けた場合は、国会議長、さらに憲法裁判所長官がこれに当たる。」。

これは、どういうことかというと、閣議を開いているときに、テロがあって、閣僚全員が死ぬなんてことも考えられないわけじゃない。そういう場合にどうするかも書いておかなければならない。アメリカの憲法には、大統領に何かあった場合にどうするか。次々に書いてます。やはり最高裁判所の長官まで出てきます。それと同じように誰が指揮をとるのかを書いたわけです。

ただ「右の場合、その意を受けて、防衛大臣が、統合幕僚長および陸・海・空各幕僚長の意見を聞き、その実際の指揮に当たる。」。軍事侵略を受けた場合に、軍事戦略の知識が十分でない総理が、細かい戦術的指導はできませんから、専門家の意見も聞いて当たらなければなりませんよ、ということです。

「③この場合、安全保障条約を締結している国と…」たとえばアメリカですね。「早急かつ緊密に連絡をとり、戦略的・戦術的に効果的な対策を講ずる。」としました。これも必要なことですから、これもはっきりと書いておく。これくらい書いておけば、国民も分かってくださると思うんです。

へたにいまのように、一カ条だけおいて、学者が集まって十八通りにも見解が分かれては、かえって混乱する。非常事態の場合、大震災、安全保障事態についても、これくらいのことは書いておいた方がいいんじゃないかと。その方が、国民もよく理解できるんではないかということで、私はあえて試案として、この問題をこの大会で提起したという次第であります。

では、時間がきているようですから、これで終わります。皆様、ご清聴いただきましたことに、心から感謝を申し上げます。ありがとうございました。(拍手)

(平成二十五年五月三日、国民大会講話)

第五章　第九条を、どう改正するか

この章のはじめに

これまでも、述べてきたように、現行憲法における安全保障の章は、第二章「戦争放棄」とあり、その条項は、たった一カ条で、ただ、それが一項と二項とに分かれているだけです。そして、この条文の解釈をめぐっては、以前、調べた学者によれば、それぞれの言葉の解釈、ある言葉がどこにかかるのか、どこまでかかるのか、について、学者の間で見解が分かれ、それを分類すると、十八通りにも分かれるという。

国の基本法たる憲法の条文一カ条について、学者が集まって十八通りにも解釈が分かれるような憲法で果たしてよいものでしょうか。私は、小学校の高学年ぐらいの年齢の人が読んで、素直に理解できるようでなければならない、と考えています。

また、第九条の内容が、独立国の体裁をなしていない非独立国憲法・植民地憲法、属国憲法の体裁だということも、これまでの章で論証してきました。

そして、国家には、平常時ばかりではなく、大震災・大津波などの自然大災害、原子力発電所大事故・燃料タンク基地大事故など産業災害もあり、また、他国からの攻撃・侵略といった国益に関わる、「非常事態」も起こりうることであり、戦後、近代国家ないし近代国家を目指す国々は、憲法を改正して、こうした「非常事態」を想定した危機管理規定、他国からの侵略への対処規定、あるいは国境を越えたテロへの対処規定など、かなり詳細な対処規定を、その憲法に規定するようになっています。

それなのに、わが国の憲法には、いまの憲法が成立してから六十五年以上にもなるのに、一度も改正されていないこともあって、諸外国が規定しているような「非常事態対処規定」「テロや外国からの侵略への対処規定」が、全くありません。国家としてそれでよいのでしょうか。

私は、そうした観点から、この安全保障・危機管理の章にあたる第二章は、現行憲法のように「戦争放棄」などとせず、章題をはっきり「安全保障・危機管理」とすべきだと考えます。また、この章の中の条文も、いまの憲法のようにたった一カ条ではなく、むしろ、少なくとも五〜六カ条あってよいと考えます。また、その各条の中に、さらに五カ項目ぐらいあってもよい。いや、あるべきだ。その方が、国民も安心できると、考えています。

そうした見地から、私は、前々章や前章にも掲げましたように、国民の皆様のご参考にと思い、試案として、そうした条項を何カ条も掲げて、解説を加えたわけです。

もっとも、私のこうした考えは、近年に始まったことではありません。昔からそう考えて、発表してきました。

たとえば、私は二十三年ほど前の平成三年に、そうした具体的法案を掲げた冊子を発行して、その年の五月三日の憲法大会で発表しました。すると、「ブレーン出版」という出版社が目を付け、翌平成四年二月に『憲法改正入門――第九条の具体的改正案を提示』と題して、二百三十五ページの本を、清原淳平名にて発刊してくれました。（手元に現存しています）

この出版社は、残念ながら出版不況で、数年前に閉社してしまいましたが、私がその当時に考えた四カ条で各条ごと数項目ある第九条の改憲案を、ここに、転載いたしますので、読者の皆さんに、参考にしていただきたい、と思います。

と申しますのは、憲法は、国の基本法として、身近に感じていただくためにも、本当に国民の手になる憲法を作る、その訓練をしていただくためにも、私の掲げた各種の案文を、その練習台にしていただければ、と願うからであります。

そうした見地から、実に二十三年も前に私が起案し、出版された第九条改正案を、そのまま、以下に転載させていただきます。

ただ、その際に、以下の案文は、前の章に掲げたものと違うじゃないかと言われる方が出るかもしれませんが、その時々の状況で、憲法も変えていかなければならないものです。

だから、ドイツなどは、日本のいまの憲法の成立とほぼ同時期に起案されてきたのに、それから、実に五十八回も改正し、常に現実の変化に対応するようにしていることも、ぜひご理解ください。

一、現行第九条の八つの問題点を洗い出す

まず本章で、現行第九条には、どのような問題点があるのかを指摘し、その欠陥を洗い出して分かりやすい解説を付し、一般にいわゆる「平和憲法の象徴規定」として崇められていることの第九条が、決してそのように崇高なものではなく、極めて欠陥多き規定であることを論証し、その上で、続く章節において、では、これをどういう条文に改正すれば、独立国にふさわしい合理的な体裁になるか、その具体的条文を挙げていくことにしましょう。

〈現行憲法第九条の条項〉

第九条〔戦争の放棄、軍備の不保持、および交戦権の否認〕

① 日本国民は、正義と秩序を基調とする国際平和を誠実に希求し、国権の発動たる戦争と、武力による威嚇又は武力の行使は、国際紛争を解決する手段としては、永久にこれを放棄する。

② 前項の目的を達するため、陸海空軍その他の戦力は、これを保持しない。国の交戦権は、これを認めない。

〈解説〉

まず、右の現行憲法第九条の内容につき、必要な範囲で概説しますと、

(1) 第一項の前段「日本国民は、正義と秩序を基調とする国際平和を誠実に希求し」という文言は、一見、当然のことを書いているわけですが、当然なことをことさらに書くには、それなりの理由があります。すなわち、この文言は、裏を返せば「これまで日本は、正義と秩序

に反する行為をして国際平和を乱して来たから、これからは、正義と秩序を基調とする国際平和を誠実に希求します」（傍線筆者）というわび証文の要素が強いわけです。純粋に高い精神を謳うのが建前の憲法に、こうしたわび証文を規定することは、国民を卑屈にしますし、現に日本国民に卑屈な傾向をもたらしています。こうした表現を置くことになったのも、いまの憲法が戦争終結から間がなく、アメリカ側の草案に基づいて作られたからだ、といえましょう。

⑵　また、冒頭のこの文言のあと、①戦争・武力行使の放棄、②陸海空軍の不保持、③交戦権の否認、の三つを挙げていることは、「これから日本が再び暴れなければ、世界は〔正義と秩序を基調とする国際平和〕が実現されるのだから、日本は、自国の安全をすべて、そうした国際社会に委ねて、軍備など持つ必要がない」といっているわけで、これは、空想的ながら理想を謳ったものと善意に解釈することもできますが、現実的には、アジア地域で日本が再びアメリカと武力衝突を起こすことのないようにする意図、と解することができ、また、この条文の内容は、過去の植民地憲法の例と同じく、「自国の安全を、他国ないし国際機関に委ねる」形ですから、この点でもやはり、日本国憲法は、植民地憲法か、または信託統治

下の憲法の体裁だ、ということになります。

(3) 次の「国権の発動たる戦争と、武力による威嚇又は武力の行使は、国際紛争を解決する手段としては、永久に放棄する。」の文言は、まず、「国権の発動たる戦争」という表現ですが、「国権」というと日本人にはよく分かりませんが、その英文を見ると「sovereign right of the nation」と書かれてあり、したがって、それは「国家の基本的権利」を意味します。

日本の学者の多くは、これを「戦争に関する枕詞であり、意味はない」といいますが、国際法では、「国家は、国際法の定める手続に従う限り、一般に戦争を行うことができるとされ、この戦争を行う権利は、独立国家の持つ権利の中でも、特に基本的な権利である。」と解されて来ました。

現行憲法がわざわざ「国権の発動たる戦争……は、永久に放棄する。」と明記するのは、「日本には、独立国家として最も基本的な戦争を行う権利はありませんよ」ということで、これこそ、日本が独立国でないこと、つまり、植民地あるいは国際信託統治の属領扱いであることを、如実に示している文言だと言えます。

その間にある文言「武力による威嚇」は、現実に武力を行使しなくとも、自国の主張を容《い》れない場合は武力に訴えるぞ、という態度を採って相手国を威嚇することで、植民地獲得競争時代は各国によってよく使われましたが、それは侵略の手段の一つとして反省されるようになり、武力による威嚇を憲法で禁ずる国も増えて来ています。

それに続く「武力の行使」の放棄も、かつて「戦争」として宣戦布告をしないでも（宣戦布告など戦意を表明しない場合は、国際法上の意味での戦争ではないことに目を付け）、「事変」とか「事件」という名称を使いながら、実質的には戦闘行動に入る場合が一般に行われましたので、これを禁止する主旨であり、これは、一応合理的なことではありますが、しかし、その放棄する武力の行使を「侵略的な場合」に限らないと、自衛のため、あるいは国連の決議に基づく制裁行動のための武力の行使までできない、と狭く解釈される可能性があることに注意しなければなりません。

⑷　次の「国際紛争を解決する手段としては、永久にこれを放棄する。」の文言は、「国際紛争を解決する手段として」が抽象的な表現ですので、学者によっては、「すべての戦争はなんらかの意味で国際紛争を解決する手段に外ならないし、日本国憲法のどこにも自衛戦争や軍備を予想した規定がないから、国際紛争が生じた場合は、日本は、もっぱら外交交渉と国際

的な調停や裁判に頼るべきで、侵略戦争はもちろん、自衛戦争も制裁戦争もすることはできない」と解釈するものがあり、これが案外、この憲法を押しつけた当時のアメリカ側の真意であったかもしれません。

しかし、これは一九二八年に締結された国際的な「不戦条約」の第一条に、「締約国は、国際紛争解決のために戦争に訴えることを不法とし、かつ、その相互の関係において、国家的政策の手段としての戦争を放棄する。」とあり、これに第二次世界大戦以前に加入した六十三カ国のほとんどが、「国際紛争を解決するための戦争」「国家的政策の手段としての戦争」という表現は、「侵略戦争だけを意味し、自衛戦争、制裁戦争については、何ら制約されるものではない」という了解の下に、この条約に同意していること、さらに、現在の国際連合憲章第二条三項および四項にある「国際紛争を解決するための戦争」も、侵略戦争に限ると解されていることから、日本だけが異なる解釈を採る必要はなく、憲法第九条一項後段にいう「国際紛争を解決する手段として」は「侵略戦争に限る」と解釈されるべきだと思います。

(5) 第九条二項の後段の「陸海空軍その他の戦力は、これを保持しない。」というのは、まず「陸海空軍……は、これを保持しない。」の部分は読んで字のごとくです。アメリカとしては、アジアの覇権を争い、苦労して打ち負かした日本が、再びアメリカに対抗するような軍事勢力にならないよう制約したいのは、戦争終結直後の感情醒《さ》めやらぬときですから、まことに当然であったでしょう。日本は、当時、アメリカにとって「少し前まで敵国であった」わけですし、その後の推移のような同盟国意識は生まれていないときですから、こうした「陸海空軍……は、これを保持しない」という憲法を押しつけたのは、自然の勢いでした。

また、マッカーサーとしては、第二次大戦前六年間にわたり軍政を担当していた当時のアメリカの植民地フィリピンの憲法のことが頭にあって、日本をアメリカの植民地化する意図が、この規定を置いたとも考えられます。

いずれにせよ、戦争が終結して間がない時期には、どうしても感情が残るので、こうした時期には被占領国の憲法を改正するのは、妥当なことではありません。欧州では、十九世紀の間しばしば戦争が起こり、そのたびに勝ったり負けたりを繰り返し、当初は、勝った国が負けた国の憲法を変えていましたが、それでは互いに不都合が生ずることを体験し、二十世紀初頭の一九〇七年に、欧州諸国がオランダのハーグに集まって国際会議を開き、戦争に勝った国も、負けた国の諸法規をやたらに変えないことを申し合わせたのです。

この通称「ハーグ条約」には、その後、アメリカも日本も批准・加盟しましたが、幸か不幸か、アメリカも日本も、欧州諸国のように、勝ったり負けたりの経験がなかったために、戦争終結の直後に、アメリカも憲法を変えることを強要し、日本もまた、それを簡単に受け入れることになってしまったのです。

しかし、その後、昭和二十七年の平和条約発効前後、ときの政府は「独立国でありながら、みずからの国を守る手段を持たないわけにはいかない」との趣旨から、軍を自衛隊といい、陸軍、海軍、空軍とはいわず、陸上自衛隊、海上自衛隊、航空自衛隊という名称を使って、実質上の武力を保持し、今日まで来ているわけです。

⑹　問題は「その他の戦力は、これを保持しない。」の「その他の戦力」ですが、これについてもかなり説が分かれています。一般には、その前に「陸海空軍」という例示を挙げていることから、「その他の戦力」とは「正式には軍という名称を持たなくとも、必要とあれば、いつでも陸海空軍に転化し得る程度の実力、いわば、潜在的な軍隊をいう」と解釈されています。

すなわち、当時、アメリカとしては、戦力の典型である陸海空軍はもちろん、日本が将来、正式には軍隊という名称を用いなくても、実質的には軍隊となるものを創設することをも禁ずる主旨で、この条文を置いたと思われますが、この日本国憲法成立後、間もなく米ソ冷戦が始まり、しかも、それが、朝鮮半島で火を噴《ふ》くに至り、マッカーサーもあわてて、朝鮮半島に出兵して手薄になった日本防衛のために、日本政府に命じて警察予備隊という名称で武力を持たせ、これが、保安隊、自衛隊と発展するというように、アメリカは、みずから作らせたこの第九条の制約を、みずからの手で実質解除しなければならない羽目に陥ったのです。日本の学者の中には、「その他の戦力」を広く解釈して、「戦争遂行の手段たり得る一切の人的および物的な実力をも含めて排除する」とする者もいますが、そうなれば、多くの工場や研究施設、飛行場、船舶なども含まれる可能性があります。それでは常識に反しますので、このように広く解釈する必要はありません。

また、日本に、警察予備隊、保安隊、自衛隊が作られていく過程において、国会で「戦力とは何か」が論争となりました。政府はかつて「第九条にいう戦力とは、近代戦争を遂行することができる能力である」と説明し、自衛隊はそれに達しないから、戦力を持っておらず、したがって、自衛隊の存在は合憲であるとしました。この論争は、いまだに尾を引いていて、折にふれ論争の種となり、まことに困った問題です。

こうした論争が生まれるのも、連合国が、敗戦直後の感情が醒めやらぬ内に、日本を懲らしめるために、真の独立国にはなり得ない内容を持つ憲法を押しつけたことに原因がありますが、マッカーサーは同時に、第九十六条〔改正手続〕で、世界の中でも例を見ないような、極めて厳しい改正手続き条件を課していきましたので、こうした不合理な条項もいまだ改正することができません。そこで、日本政府は「独立国であれば、みずからの国はみずから守らねばならない」という原則から、この「戦力」についても、無理を承知の解釈をせざるをしてきたわけです。

(7) 第九条二項後段の「国の交戦権は、これを認めない。」の文言は、なお一層、日本が独立国でないこと、すなわち、植民地か信託統治の保護領であることを予想させる規定です。

「交戦権」については、大別して、①交戦国の諸権利、つまり、戦時国際法規によって、独立国家に認められる攻撃、臨検、拿捕など、交戦国に認められる一切の権利をいうとするもの、②単純に「国家が戦争を行う権利である」と解するもの、③前の両説を併せ持つとするもの、に分かれ、一般には、①③を採ると解釈がむずかしくなるとして、②を採るのが優勢ですが、法文である以上、そんな抽象的なことを規定したとも思えず、したがって、「国の交戦権は、これを認めない。」という文言は、むしろ①と解する方が自然であると思います。

こうして、これまでに見てきたように、日本国憲法第九条を素直に解釈する限り、ここには、マッカーサーの日本占領政策の意図が濃厚に見られ、日本に軍備を持たせないこと、再軍備をさせないことが、あらゆる面・角度から二重・三重にわたって規定されていると解釈されます。

私の事務局には、外人の記者などがときたま来ますが、彼らも、英文で日本国憲法第九条の条文を読む限りでは、日本は一切軍事力を持てないと解釈できる、という人が多いことも申し添えておきましょう。

(8) 問題は、第九条二項の冒頭にある「前項の目的を達するため」という文言についてです。この文言は、当初のアメリカ案にはなかったのですが、昭和二十一年七月に開かれた憲法改正小委員会で、芦田均小委員長（衆議院議員、のち首相）によって、密かに日本の再軍備の道を開くための文言として挿入されたもの、といわれています。もっとも、昭和五十八年に、森清衆議院議員（当時）がこの経緯を調べて、芦田さんが主張しているそうした挿入の事実は、議事録はじめ公式記録を見る限り見当たらない、として疑問を呈しておりますので、その真相は、かならずしもはっきりしていません。

しかし、それはともかく、この第二項冒頭の「前項の目的を達するため」という文言は、第一項の文中の「国際紛争を解決する手段としては」という文言とともに、その後の憲法解釈に重要な意味を持つに至りました。

つまり、第一項の中の「国際紛争を解決する手段としては」を侵略戦争を意味すると解釈し、かつ、第二項冒頭の「前項の目的を達するため」を、第一項のそれを受けたものと解釈しますと、第二項後段の「陸海空軍その他の戦力は、これを保持しない。国の交戦権は、これを認めない。」は、すべて、侵略戦争の場合だけに適用され、「自衛戦争や制裁戦争などのためなら、陸海空軍その他の戦力も保有し得るし、交戦権も有する」と解釈することができるからです。これまでの政府見解は、多かれ少なかれ、そうした論法に救われている点で、この「前項の目的を達するため」との文言の存在意義は大きいと申さねばなりません。

もっとも、これまでにも述べて来たように、第九条の本文の文言についてはいろいろと解釈が分かれ、また、それに、この「前項の目的を達するため」がどこにかかるかなどをめぐって解釈が分かれ、ある学者が調べたところによりますと、その組み合わせで、学説が十八通りにも分かれるとのことです。

それにつけても、私がいいたいのは、いやしくも憲法と名のつくものであれば、それは国家の基本法ですから、それが、学者によって十八通りにも解釈が分かれるなど言語道断だということです。国家の基本法という以上、小学校の高学年程度の学歴の者が読んで、素直に分かるものでなければなりません。したがって、現行憲法、特にこの第九条については、どこをどう改正するかを論ずる前に、解釈が十八通りにも分かれるという一点においても、当然、改められなければならない性質のものであると、かねてから主張している次第です。

二、現行第九条を独立国にふさわしく四カ条に構成し直す

これまでの章で、先の湾岸戦争に際して、欧米各国と日本との対応のあり方に大きな違いがあり、日本は、総額百三十億ドルという大金を出しながらも、多国籍軍の戦列に参加してとも

に血と汗を流そうとしなかったことから、戦友扱いをされず、戦後、ブッシュ大統領の日本訪問は取り消され、ベーカー国務長官の御礼回りも戦闘参加各国の後回しにされる始末でした。ソ連が大きく後退してアメリカ主導の国連中心主義の国際新秩序が作られようとしているとき、日本はその新しい船に乗り遅れた感があり、世界の孤児とまではいかないまでも、日本の将来に大きな危惧が持たれます。

日本人は戦後、理想的平和主義、むしろ幻想的平和主義に酔っている観がありますが、世の中はそんなに甘いものではありません。人間の本質がそれほど変わらない以上、現在の国際社会も、日本の戦国時代に武将が、自分の国を守り生き延びるため、機敏に時勢を見て動いたのと、本質的にはそれほど大きな変わりがないことを、自覚するべきでしょう。

日本人が、今回の湾岸戦争への対応で認識を誤り、世界の国々との間に乖離を生じてしまった理由は何か。それは、総理大臣をはじめ政府や国会議員、そして民間の識者も口を揃えて論拠とした、現行憲法第九条〔戦争放棄規定〕に代表される「平和憲法」にあったことは否定できないところであります。

しかし、私は、耳に快く響くこの「平和憲法」なるものの実態は、真の独立国の体裁を持つものではなくて、自分の国の安全を他国に委ねるという典型的な形の「植民地の憲法」、ないしは「国際信託統治下の属領的憲法」であることを、これまでの章で論証して来ました。

つまり、日本人は、国際的に見て「植民地憲法」「非独立国憲法」であるものを、「平和憲法」という耳ざわりのよい美称を冠し、あたかも理想的な独立国の憲法であるかのように錯覚しているところに、世界の国々の認識との間に大きな食い違いを生じている原因があります。さらに始末が悪いことには、そうした理（ことわり）にいまだに気がついていないところに問題があることを、これまでに繰り返し指摘して来ました。

そこで、以上のことがお分かりいただけたものとして、次に問題となるのは、では、こうした植民地の体裁を持つ日本国憲法の条文、特にそれを象徴している第九条の規定をどのように改正すれば、独立国の条文にふさわしい憲法の体裁になるのか、ということです。

そのことについて、以下の節で私の考えを述べて見たいと思います。

第九条をどのように改正するかは、いろいろな見解がありますが、私は私なりに、まずこれを大きく四つに分けて考えて見ました。

その概略を申しますと、まず、現行第九条全体について、そこに現れている「自分の国を自分で守る体裁にない」植民地憲法性を取り去り、「自分の国は自分で守る」独立国憲法の体裁に変えること。そのため、独立国の憲法にふさわしく陸海空軍の存在を明記するが、反面、日本は侵略戦争を行わないことも明記します。そして、日本も独立国として自衛権を持っており、他国からの侵略には自衛戦争を行うこともできるし、また国連加盟国として、国連決議に基づく制裁戦争に参加することもできる、と独立国として当然のことを明記したいと考えました。

次に、一般に独立国の憲法であれば明文のある「陸海空軍の指揮権」について新たに一条を置くとともに、その陸海空軍が治安出動や戦闘行動に出る場合の要件についても一条を置くことにします。

そして、さらに、わが国の憲法には、国家としての危機管理体制や緊急事態対処規定が欠如していますので、これの整備を明記し、また緊急事態で内閣総理大臣が欠けた場合についても一条を新設します。以下、章節を分けて詳論しましょう。

三、現行第九条は、次のように改められるべきである

第九条〔独立国として陸海空軍の保持とその行使〕

①　わが国は独立国として、自衛のため陸海空軍その他の戦力を保持する。

②　わが国は、侵略戦争を否認する。

③　国際連合が、特定国の行動を侵略と認定したときは、加盟国の義務として、制裁のため陸海空軍その他の戦力を海外に派遣することができる。

④　国際連合より停戦監視、地雷・機雷除去、救援、輸送、医療、難民救済などにつき要請のあったときも、その目的のため、陸海空軍その他の人員を海外に派遣することができる。

⑤　わが国の自衛権は、世界の通例に従い、個別的自衛権はもちろん集団的自衛権も含まれる。

〈解説〉

(1)　すでに前章で詳しく述べましたように、世界の常識からすれば、憲法については、その内容を論議する前に、まず、独立国の憲法であるのか、それとも植民地や連邦内共和国など非独立国の憲法であるのか、といったいわば独立性の判断が必要になります。

そして、その独立性のメルクマール（判断基準）は、その国が独自の軍事権と外交権を持っているかどうかです。つまり「自分の国は自分で守る体制」を持っている国は独立国であり、「自分の国の安全を宗主国など他国に委ねる体制」の国は、国といっても独立国ではなく、植民地であるということです。

また、自主的な外交権を持っていなければ、やはり独立国とはいえず、現行日本国憲法では、前に述べたように、憲法の前文や第九条一項の冒頭に詫び証文的文言があり、見方によっては国際信託統治下にあるかのようなニュアンスもあります。

(2)　ともかく前章の現行第九条の解説で述べたように、今の文言を素直に読む限り、①戦争・武力行使の永久放棄、②陸海空軍の不保持、③国家としての交戦権の否認、が掲げられていて、これでは、（政府は解釈で自衛隊を置き、独立国だと主張しておりますけれども）憲法の体裁から見れば、「自分の国はみずから守る」体制にはなく、したがって、日本国憲法は独立国の憲法ではなくて、植民地の憲法の体裁であると申さねばなりません。

こうした植民地憲法を持ち、改めようとせず、しかも、政府も国会も論壇も、これを「平和憲法」と美称して崇めているにいたっては、まことに情けなく、まさに亡国の論理です。そして、独立国だと言いながら、この植民地憲法の文言に従って解釈しようとしますから、国際社会の常識との間に乖離を生じ、先の湾岸戦争での対応のように、醜態を世界にさらすことになるわけです。

また、問題は、国際面ばかりではなく、独立国の体裁を持たず、植民地の体裁の憲法であれば、国民の中に自主性のない風潮を生じさせ、おかしな事件がはびこるのも自然な成り行きです。

(3) 以上の理由からも、わが国は、もういくらなんでもいい加減に目を覚まして、植民地憲法から脱却しなければなりません。ここではっきり、「わが国は、独立国として、自分の国はみずから守るため、他の独立国と同様、陸海空軍その他の戦力を持つ」ことを、そうした独立国としての体裁を整えることを宣言し、憲法改正に取り掛かるべきでしょう。

なお、憲法はじめ法文の各条項において、第一項の次に数項あるときは、その第一項が原則規定であり、第二項以降は、その第一項〔原則規定〕の補足、例外、解釈などに関する規定となります。

したがって、冒頭に掲げる文言も本来「わが国は、陸海空軍その他の戦力を保持する」程度で良いはずですが、わが国では、外国から見れば植民地憲法といえるものでも、理想的憲法と崇めてきた経緯もありますので、そこで改正すべき第一項の文言に、今度の憲法は、以前のように植民地憲法ではなく、独立国の憲法なのですよ、ということを国民に認識してもらうために、あえて「わが国は独立国として……」と「独立国として」という文言を挿入したわけです。

また、「自衛のため」という挿入句も、むしろ第二項以降で規定してもよいところですが、国民が極端な軍備・戦争アレルギーに罹《かか》っていることを配慮して、あえて「……自衛のため陸海空軍その他の戦力を保持する」と、「自衛のため」を、陸海空軍の前に冠したわけです。

独立国である以上、自衛権があり、自衛力（自国を守るための武力）を持つのは当然であり、侵略を受けた場合に自衛戦争をするのも当たり前のことです。なお、法解釈では、この自衛戦争の中には、後で述べる制裁戦争を含むとするのが一般です。

(4) 新規改定案第二項「わが国は、侵略戦争を否認する」の規定も、特に一九二八年の国際的ないわゆる「不戦条約」以来、近代憲法に当然のこととされる規定ですが、わが国ではとりわけ「侵略戦争」を忌避する感情が強いので、特に簡潔明瞭に「わが国は、侵略戦争を否認する」としました。

なお、世界の植民地獲得競争時代の末期に登場した日本が、戦時中にアジア地域で諸国に迷惑をかけたこともあり、アジア各国から日本の軍国主義復活を警戒して、いまの平和憲法=植民地憲法を改正することを嫌う声があり、日本の政治家の中にもこれを理由として憲法改正に反対する人がおりますが、これは、本末転倒もはなはだしいと申さねばなりません。

憲法は国の基本でありバックボーンであるから、まず憲法で国の本質を正すべきであり、そのため、日本は独立国にふさわしく憲法を改正して陸海空軍を持つ、ということを諸外国に説明するとともに、それとは別に、しかし、日本は将来とも、侵略戦争をするようなことはありません、そうした憲法の運用はいたしません、ということを諸外国に説明して理解してもらうべきでしょう。

そのように、まず、独立国としての本質を外国に説明し、その上で、侵略戦争をしないという運用面の説明をすることこそ、政治家や外交官の役割です。それを、海外が怖がるからという理由で、本質についても運用についても、説明して理解を求めないというのでは、本末転倒です。

(5) 現行憲法では「戦争……を放棄する。」とあるのに対し、改正案ではご覧のように「侵略戦争を……否認する。」としました。日本人は、現行憲法に「戦争放棄」とあるところから、「放棄」という表現が法的に当たり前であるかのように受け取っておりますが、これは間違いです。なぜならば、法律用語では、放棄とは、よく「相続放棄」というように、本来正当な権利があるのに、それを辞退する場合をいい、正当な権利関係がないものを初めから認めない場合は「否認」というのが決まりだからです。

現行第九条にいう「戦争の放棄」の場合の「戦争」は、一般に侵略戦争を指すとされますが、侵略戦争は正当な権利とは国際法上も認めていませんから、これは放棄というべきではなく、「否認」というのが正しいわけです。諸外国の憲法も一般に否認と記しています。こうした法律用語の誤りも、現行憲法には二十八カ所ほどあり、半分素人のマッカーサー総司令部の職員が起案し、日本政府も十分な審議を尽くさないで、現行憲法を承認したことの結果が露呈したものといえます。

(6) 改正案第三項の「国際連合が、特定国の行動を侵略と認定したときは、加盟国の義務として、制裁のため陸海空軍その他の戦力を海外に派遣することができる。」としたのは、先の湾岸戦争の際の議論を考慮しての規定です。当時の議論では、野党の反対もあり、また、海部総理はじめ政府も、自衛隊を海外に派遣することは第九条に違反してできない、としました。

しかし、何度もいうように、明文上、独立国であれば当然な軍隊の存在を認めず、辛うじて解釈によって自衛隊を存在させているような「植民地憲法」にとらわれていては、独立国にふさわしい対応ができないのは当たり前のことで、そこに、日本の対応が世界の目から見て奇異に映る原因があるのです。

しかも、日本は、昭和二十七年の第十三回国会において、海外派兵をしないといった特別の留保もなく、国際連合に加盟することを決議し、国連に加盟したのですから、この点では、一人前の独立国としての加盟であるといえます。したがって、国連憲章の第七章〔平和に対する脅威、平和の破壊及び侵略行為に関する行動〕の各条項はじめ、それに伴う過去の国連決議事項に従う義務があるにもかかわらず、日頃から「世界に貢献する日本」などと胸を張っていた日本が、以前の湾岸戦争で見せた態度は、イラク制裁戦争に参加協力した三十カ国からすれば、優柔不断、なんとも不可解で、むしろ国際社会の歩調を乱す裏切り者、と解されても止むを得ないものでした。

したがって、日本人の誤った認識を是正するためにも、独立国として当然のことながら「国際連合が特定国の行動を侵略と認定したときは、加盟国の義務として、制裁のため陸海空軍その他の戦力を海外に派遣することができる。」との文言を明記したわけです。海外派兵問題も、いまの憲法のように規定もなしに自衛隊派遣論議をすると諸外国から心配の声が上がることもあるでしょうが、憲法にこうしてはっきりと派兵の条件をつけておけば、アジア諸国もむしろ安心すると思います。また、わが国の政治家・外交官も説明しやすくなるでしょう。

(7) 次の改正案第四項の「国際連合より停戦監視、地雷・機雷除去、救援、輸送、医療、難民救済などにつき要請のあったときも、その目的のため、陸海空軍その他の人員を海外に派遣することができる。」の規定も、国連に加盟している以上、当然の規定ですが、わが国では湾岸戦争論議で見られたように、当然のことが当然に受け取られない国なので、無益な論争を繰り返さないために、いわば注意規定として掲げたわけです。

ただし、前項に続き、海外派兵が拡大されるのではないかという国民の過剰反応を考え、この場合も、前段に掲げた例示に続けて、念押し的に「その目的のため」という文言を挿入し、国連より要請のあった場合と、これらの目的に相当する場合に限り派遣する、旨を明示する配慮をしました。

(8) この条の最後の改正案第五項の「わが国の自衛権は、世界の通例に従い、個別的自衛権はもちろん、集団的自衛権も含まれる。」の規定は、わが国ではこの憲法成立後早くから、個別的自衛権・集団的自衛権の論議が繰り返され、近年では、政府・与党まで野党に同調して、この両者を区分けし、日本は、個別的自衛権はあるが集団的自衛権はないとか、集団的自衛権はあっても行使できない、といった論調が横行しています。

しかし、理論的・学問的には個別的自衛権・集団的自衛権を区別することができても、現実の世界では、国家が個別的自衛権と集団的自衛権の両者を持つのは当たり前であり、国連憲章第五十一条も「この憲章のいかなる規定も、国際連合加盟国に対して武力攻撃が発生した場合には、安全保障理事会が国際の平和及び安全の維持に必要な措置をとるまでの間、個別的又は集団的自衛の固有の権利を害するものではない。」（傍線は筆者）として、個別的自衛権・集団的自衛権はともに「国家の固有の権利」であることを明言しています。

わが国だけが、いまの憲法の解釈から、「個別的自衛権はあっても、集団的自衛権はない」とか「集団的自衛権はあるが、行使できない」などと解釈するのは、そうした議論が出ること自体、みずから日本が独立国家ではないことを証明しているわけで、そのためにも、日本は早く憲法を改正して、名実ともに独立国の体裁を取り、こうした世界の認識と食い違う論議が起こらないようにしなければなりません。そうした点で、この規定も、世界の常識からすれば当然の規定ではありますが、日本国民は長年にわたりおかしな論理に慣れて来たので、そうした認識を是正するためにも、注意的にこの規定を置いたわけです。

四、陸海空軍の指揮権、出動の要件、緊急事態対処規定の新設

第九条の二〔陸海空軍の指揮権〕

① 内閣総理大臣は、陸海空軍その他の戦力の最高指揮官である。
② 前条の規定により、軍事行動または治安出動が必要となった場合も、内閣総理大臣が、陸海空軍その他の戦力を指揮する。
③ 内閣総理大臣は、必要に応じ、担当国務大臣その他の者に現地の指揮をとらせることができる。

〈解説〉

(1) こうして新たに新設する場合は、全面改正であれば、順次それぞれ一条とするが、今回は、とりあえず現行第九条の改正案としていますので、法文改正の習わしに従い、第九条の一、二、三という形で、新設の条項を立てることにします。

(2) この条項は、陸海空軍の指揮権を誰が有するかの規定ですが、こうした条項は、独立国の憲法であれば当然のこととして、一般にどこの国でも明文の規定を置いています。いわば、憲法を構成する上で一般に必要な規定です。

それにもかかわらず、現行憲法が「戦争・武力行使を永久に放棄している」のは、その発案者につき、マッカーサー説、当時の幣原喜重郎首相説、あるいは昭和天皇説がありますが、いずれにせよ、世界歴史の経過や人間の権力構造を認識していないあまりにも理想的・幻想的な平和主義です。特に軍人であり、何度も戦争に参加したマッカーサーがこうした幻想を抱いていたとは考えられず、もし、マッカーサーの発案だとすれば、それは別の意図、つまり、日本に二度と軍事的に立ち上がれないよう制裁を課し、また、もし日本の安全が脅かされるようなことがあれば、その時はアメリカが対処するから日本は何ら心配しないでもよいという、日本「植民地」化政策の現れであったと解釈した方が合理的です。

(3) ともかく、日本は独立国であるならば、前条改正案で説明したように、「自分の国はみずから守る」独立国体制を採る必要があるとともに、一般にどこの独立国でも規定している「軍の指揮権を誰がとるか」の規定を置くべきです。また、その方が、現在のように、憲法の明文上そうした規定がなく、自衛隊法で総理の指揮権を認めるより、安心ができるというものです。

そうした趣旨から、私は前に掲げたように「内閣総理大臣は、陸海空軍その他の戦力の最高指揮官である。」と、総理の指揮権を明確にし、かつ、非常事態が発生して、軍事行動または治安出動が必要となった場合についても、「内閣総理大臣が、陸海空軍その他の戦力を指揮する。」として、その指揮権とともに責任の所在を明らかにする規定を置いたわけです。

(4) 第三項の「内閣総理大臣は、必要に応じ、担当国務大臣その他の者に現地の指揮をとらせることができる。」の規定は、これまた当然な規定ですが、軍事的出動の場合は、その規模や遠隔地、その他の状況から総理大臣みずから出向いて指揮をとることがふさわしくなく、戦略戦術の専門家に現地の指揮をとらせる方が理にかなっているので、こうした規定を置くことにしたわけです。

しかし、もとより、内閣総理大臣は、必要に応じて指揮官の報告を受け、大局的判断を下す必要があり、その最終責任は、最高司令官としての総理が持つことはいうまでもありません。

五、治安出動・戦闘出動を行う場合の要件

第九条の三〔治安出動・戦闘出動する場合の要件〕

① 日常の業務を超えて、陸海空軍を治安出動・戦闘出動せしめる必要が生じたときは、内閣総理大臣は、原則として国会の承認を得てから出動を命ずるものとする。

② 緊急止むを得ない場合、内閣総理大臣は、国会の承諾を得ずして、陸海空軍を治安あるいは戦闘のため、出動せしめることができる。

ただし、この場合は、可能な限り速やかに国会を開いて、その承諾を得なければならない。

③ 内閣総理大臣は、第九条の一に認める自衛戦争ないし制裁戦争の場合において、国際法上必要と認めるときは、宣戦を布告し、停戦を命じ、あるいは講和を結ぶことができる。

ただし、この場合は、事前または事後に、国会の承諾、及び天皇の認証を得なければ

ばならない。

〈解説〉

(1) さて、前に述べたように、わが国が名実ともに独立国として、自国を守るため陸海空軍を持ち、その軍事力行使の内容を定め、その指揮権者を明示したとしても、さらに、治安出動したり戦闘行動に出る場合の要件を定めておく必要があります。つまり、軍事力の行使は、大きな強制力を持つので、たとえ、その指揮権が総理ないしその受任者にあるとしても、彼らだけの判断に任せることは危険であり、また、総理大臣が危急の事態を利用し軍事力によって独裁を図る場合も考え得るので、そうしたことの起こらないようチェックする必要があるわけです。

現行憲法下では、こうしたチェック規定がないので、もし、将来の総理がいまの自衛隊を悪用しようと思えばできる構造になっております。そうした危険を排除するためにも、憲法を改正して、こうした規定を置くべきでしょう。

⑵　そうした趣旨から、この改正条項の第一項は分かりやすく「日常の業務を超えて、陸海空軍を治安出動・戦闘出動せしめる必要が生じたときは、内閣総理大臣は、原則として国会の承諾を得てから出動を命ずるものとする。」と規定したわけです。

国民の代表者によって構成される国会の承諾を条件とすることが最も合理的だからです。

⑶　次の第二項の「緊急止むを得ない場合、内閣総理大臣は、国会の承諾を得ずして、陸海空軍を治安あるいは戦闘のため、出動せしめることができる。ただし、この場合は、可能な限り速やかに国会を開いて、その承諾を得なければならない。」の規定は、内閣総理大臣の出動権につき国会の事前承諾を絶対条件とするときは、他国からのミサイル発射による侵略など、緊急の対処を必要とする場合に時機を失して、国家に取り返しがつかない不利益を生ずる場合が予想されるので、前項の原則に対する例外規定として、総理大臣は、緊急止むを得ない場合に、国会の承諾を得ずして、治安出動・戦闘出動を命ずることができるとしましたが、しかし、事後においてもチェック機能は必要であるので、ただし書きで「可能な限り速やかに国会を開いて、その承諾を得なければならない。」としたわけです。

⑷　本条の改正案第三項の「内閣総理大臣は、第九条の一に認める自衛戦争ないし制裁戦争の

場合において、国際法上必要と認めるときは、宣戦を布告し、停戦を命じ、あるいは講和を結ぶことができる。ただし、この場合は、事前または事後に、国会の承諾、及び天皇の認証を得なければならない。」の規定は、宣戦布告、停戦命令、講和締結などは、多くの国で、元首または行政の最高責任者の権限として明記されているのが普通で、これも古くから独立国家の重要な権限とされて来ました。

現行憲法にこうした規定がないのは、第九条の戦争・武力行使の永久放棄との関連からであろうが、わが国が前に述べたように第九条を改正して独立国の体裁を整える以上、こうした規定も新設するのが妥当と思われます。

なお、諸外国では、宣戦布告、停戦命令、講和締結などは、元首の権限とするところが多いようですが、現代国家では、行政府や立法府が実質上決定する仕組みを採っていますので、私の案では、そうした実質に従い、これを天皇の権限とはしないで、行政府の長たる内閣総理大臣の権限とし、天皇は単にこれを認証するにとどめることにしました。そうした方が、天皇に責任問題が及ばないとの配慮からです。

しかし、これらの権限を内閣総理大臣に与えた形を採っても、決して総理の専権ではなく、それは閣議にかけて決定するのはもちろん、事前ないし事後に国会の承諾を得ることを条件にしたわけです。

六、緊急事態への対処と危機管理体制の整備

第九条の四〔危機管理体制及び緊急事態対処方式の整備〕

① 国は、戦争・災害などの有事に備えて、危機管理体制及び緊急事態対処方式を整備しなければならない。

② 内閣総理大臣は、危急の場合、事前または事後に国会の承諾を得て、必要な範囲で緊急の財政処分をなすことができる。

③ 内閣総理大臣が欠けた場合に、憲法の規定によって新たに総理大臣を指名するいとまがなく、緊急を要するときは、副総理大臣または予め指名された大臣が、臨時にその職務を行うものとする。

④　前項の大臣が欠けたとき、または予めの指名がなかったときは、緊急の場合に限り、衆議院議長がこれにあたり、衆議院議長も欠けたときは、参議院議長がこれにあたる。

〈解説〉

(1)　一般に、ハイジャックや先の湾岸戦争など緊急事態発生の場合に、諸外国が極めて迅速な行動をとり、日頃から危機管理体制・緊急事態対処方式がよく整備されていることに感心するのに対し、日本の対応は常にもたもたしていて、世界の人々から呆《あき》れられているのが、わが国の実情です。

そうした世界との乖離は、独立国の憲法の多くが、危機管理や緊急対処規定を置いているのに対して、わが国にはそうした規定が全くないことに原因があると思われます。

人によっては、現行憲法第五十四条中に規定する参議院の緊急集会規定で処理すればよいという人もいますが、この規定は、衆議院が解散されている場合において、緊急を要する事項につき参議院が審議することができるという規定に過ぎません。ここでいう緊急事態対処規定は、参議院も開けないような国家の緊急事態の場合であり、同じ緊急という言葉が使ってあっても、そもそもその事態の内容・程度が違うのです。

(2) 日本は、近年幸い、内乱や大きな暴動もなく平穏ですが、将来どのような事態が発生するか分かりませんし、また、そうした戦乱や大暴動ばかりではなく、かつての関東大震災のような壊滅的大地震や火山の大噴火など、天変地異が発生することも考えられ、広くそうした騒乱や大災害に備えて、日頃から危機管理体制・緊急事態対処方式を整備して置くことは必要であると考え、この条の改正案第一項に「国は、戦争・災害などの有事に備えて、危機管理体制及び緊急事態対処方式を整備しなければならない。」と明記したわけです。

(3) また、その第二項の「内閣総理大臣は、危急の場合、事前または事後に国会の承諾を得て、必要な範囲で緊急の財政処分をなすことができる。」は、前条に伴うもので、緊急事態に対処し救済するために、予備費など規定予算を超えて国家財政から支出する必要があるからです。ただし、そうした財政処分も、できれば、事前に国会の承諾を求めることとし、緊急やむを得ない場合に限り、事後に国会の承諾を得るものとしました。

(4) 第三項の新設規定は、行政府の長として大きな権限を持つ内閣総理大臣が、病気や暗殺や災害などで死亡した場合、本来は国会で新しい総理を指名することになっております（現行憲法第六十七条一項）が、そのいとまがなく、緊急の事態が生じて、臨時に内閣総理大臣の職務・権能を行う者が必要な場合の規定で、予め副内閣総理大臣がいればその者、いなければ予め総理大臣から指名を受けた者が、その職務を行うことを規定したものです。

わが国では過去に、大平正芳総理が病死し、副総理もいなかったが、ともかく、病室で伊東正義国務大臣が生前に指名を受けたということで、伊東氏が臨時に内閣総理大臣の職務を行いました。しかし、内閣総理大臣の職務・権能の重要性を考え、欠けた時には誰が代行するのか、憲法上明瞭にしておくことが望ましいと思います。諸外国の多くの憲法にも、その順位が明記されているのが普通です。

(5) 次の第四項の「前項の大臣が欠けたとき、または予めの指名がなかったときは、緊急の場合に限り、衆議院議長がこれにあたり、衆議院議長も欠けたときは、参議院議長がこれにあたる。」という規定は、一見、行政府の長に代わり、立法府の長が出る点でおかしく思われるかもしれませんが、例えば、総理大臣はじめ国務大臣が閣議の最中、大地震で全員死亡したとか、爆弾テロで全員死亡したとかの場合が考えられますので、こうした場合は、外国でも、上院議長や下院議長を代行に挙げる例が多いことに倣ったものです。

諸外国では、過去のさまざまな事例に基づいて、また、あらゆる場合を想定して、そうした規定を置いております。そうした仕組みを採っているからこそ、いざというときの危機管理体制や緊急事態対処方式がスムーズに働いているのです。

わが国では、ヨーロッパなどに比べ比較的平穏で、特に第二次大戦後は、日米安全保障体制の下、余りにも平和に慣れすぎ、危機管理意識や緊急事態対処意識がなくなっておりますが、わが国も独立国として、憲法を改正して、諸外国同様、こうした体制を整備すべきであると思います。


以上、現行日本国憲法がその第九条を中心として、独立国の体裁ではなく植民地憲法の体裁であることを解説し、また、現行第九条の欠陥を分析して、それに代わって新しく構成されるべき第九条の項案を提示しました。

さらに、それに関連して、今の憲法には、外国の憲法に比べていかに足りない部分が多いかもいろいろ説明し、新たに掲げるべきいくつかの条文も提示しました。

国民の皆様が、こうした問題を認識して、一日も早く、不名誉な今の植民地憲法体制から脱却して、真の独立国憲法を作るべく立ち上がって下さることを、切に念願する次第であります。

「憲法改正入門」より　平成四年二月五日発行

第六章　憲法を学ぶ人のために

一、憲法に対して、日本人とヨーロッパ人とで、認識の違いがある

それは、なぜか？　まず、日本人の憲法についての認識から見てみよう。明治二十三年施行の「大日本帝国憲法」にも、その第七十三条に改正手続規定があるにもかかわらず、「不磨の大典」と称され、あたかも絶対改正してはならないかのように言われたものです。そして、昭和二十二年の「日本国憲法」までの五十七年間、一度も改正されませんでした。

その影響か、敗戦後に連合国軍総司令部（ＧＨＱ）によって起案され、占領下の国会で僅かな修正で議決・成立した現行「日本国憲法」についても、その第九十六条に改正手続規定があるにもかかわらず、「平和憲法」と美称され、絶対に改正してはいけないかのように考えられたせいか、現行憲法は、成立以来六十七年間、一度も改正されておりません。したがって、日本の場合、この二つの憲法を合わせた百二十四年もの間、国民みずからの手によって、改正されたことは一度もない、という極めて珍しい憲法なわけです。

他方、ヨーロッパでは、十八世紀〜二十世紀前半まで戦争が繰り返され、勝った国は、占領した地域の法制、あるいは降伏した国の憲法を、勝った国の都合のよいように変えましたが、次の戦争で、勝敗が逆になったときは、前の仕返しで、その法制や憲法を変えさせられる、ということが繰り返され、その弊害が痛感されました。

そこで、ヨーロッパ諸国は、一九〇七年にオランダのハーグに集まり、勝った国が負けた国の憲法はじめ法制度を変えることは極力やめよう、という条約を結びました。この条約は、正式には「陸戦の法規慣例に関する条約」と言いますが、長い題名なので、締結地の名前をとり、俗に「ハーグ条約」と呼んでいます。

しかし、一九四〇年代の第二次世界大戦では、アメリカやイギリスをはじめ勝った連合軍は、イタリアに対して、独裁主義のムソリーニ時代の憲法では困る、早く憲法を改正せよと迫りました。しかし、イタリア政府は、前記一九〇七年の「ハーグ条約」にお互い批准していることを理由に拒否し、連合国との講和条約を締結して、独立した六カ月後に、新しい憲法を制定しています。

やはり、第二次世界大戦で負けたドイツに対しても、連合軍は、軍国主義のヒトラー憲法を改正せよと迫りましたが、ドイツも「ハーグ条約」を根拠に当初拒否しました。しかし、連合軍から再三要求されたので、ドイツ政府は、連合軍に占領され分割統治されていることを理由に、「憲法」とはせず、結局「ドイツ連邦共和国基本法」、つまり占領下での基本法、としたわけです。

ところが、日本はどうでしょう。日本もアメリカも一九〇七年ではありませんが、一九一一年に、批准書を寄託し、右の「ハーグ条約」に加盟しております。しかし、ご承知のように、昭和二十年八月十五日に連合軍に降伏したその秋に、マッカーサー連合国軍総司令官は、日本に憲法改正を迫り、結局、総司令部案に基づいて、終戦の翌年・昭和二十一年の十一月三日に、いまの「日本国憲法」を公布し、翌昭和二十二年五月三日から施行されています。占領下の日本が、敗戦後かくも早く、占領軍の要求に屈したのは何故でしょう。

それは、日本もアメリカも、欧州諸国のように過去に、戦争をして勝ったり負けたりした経験がなく、また、両国とも、それまで、国家間の戦争で負けた経験がなかったということもありましょう。ただ、日本は、まだ、戦国時代の歴史や戊辰戦争後の大政奉還などの記憶もあり、現に、敗戦後、当時の指導者には、「完膚なきまでに負けた以上、負けっぷりよく負けて、占領軍に従い、早く独立しよう」という日本人的なものもありました。

しかし、最も大きな理由は、連合国が提示していた降伏条件を記した「ポツダム宣言」を受諾するに当たって、譲れない一線がありました。それは、「天皇制の存続」でした。

つまり、当時、日本人は、わが国の「国体」は天皇制であり、これだけはなんとしても護持する、として、それが保障されることを条件として、昭和二十年八月十五日、降伏を受け入れたのです。

事実、危うく皇室が廃止されるところでした。というのは、当時のソ連、中華民国など日本本州を直接攻略していない国々も参加している「極東委員会」が、日本に乗り込んで来る予定があり、これが乗り込んできたら、皇室の存続は危うかったのです。

マッカーサー連合国軍総司令官は、もし、天皇制を廃止すれば、日本の統治ができないことを、戦時中、身をもって体験していたので、「極東委員会」が乗り込む前に、大皇制存続を認めた憲法をいち早く決めようとし、当時の吉田茂首相はじめとする日本の指導者は、マッカーサー連合国軍総司令官のこの措置に感謝し、天皇制存続が保証されたこの憲法を、早速、翻訳して、占領下の国会に急ぎかけて可決したという経過です。

また、以上の（占領下）憲法成立の経緯に加え、現行の「日本国憲法」が一度も改正されていない理由としては、その第九十六条に、その改正手続規定があるけれども、その条文の内容は、「衆参各議員の三分の二で発議して、国民投票の過半数の賛成を得て、憲法改正が成立する」との趣旨の規定で、つまり、衆議院でも三分の二、参議院でも三分の二以上で、初めて国民に案文を提示できるとする極めて改正に難しい条件を定めているので、これまで一度も改正できないでいる、というのも、改正ができないできた大きな理由です。

なお、ヨーロッパでは、前述のごとく、戦争や革命で王政が倒れたりすると、立憲政体の憲法や共和政体の憲法をつくるなど、新憲法を制定した経験もある。また、ドイツなどは法制度をつくってそれに従うという国民性が強い（大陸法系）ので、時勢の変遷・進歩により、現実と法との間に食い違いを生じたと感ずれば、その時代に合わせて憲法を改正するのは当たり前、との認識があります。

そのため、日本と同じく第二次世界大戦の敗戦国であるドイツやイタリアも同じ時期に基本法・憲法を新しくしましたが、ドイツはこれまでに五十八回も基本法を改正しており、イタリアも二十回ほど憲法を改正しております。それに引き換え、日本は一度も憲法を改正しておりません。

また、イタリアやドイツは、前憲法の継続ではなく、新しく制定した憲法・基本法ですが、日本の場合、いまの「日本国憲法」は、前の「大日本帝国憲法」の改正という方法によって、作られたものです。その点、イタリアやドイツの新憲法・基本法とは、成立過程が異なることも、認識しておいていただきたい。この点は、のちの第三項の「国体」問題のところで、検討したいと思います。

二、憲法学は、極めて政治的な学問である

次に、ご理解いただきたいのは、この項題にあるように、憲法学は、極めて政治的な学問だということです。いや、「政治的」というよりも、「イデオロギー的」であり、また国によっては、「宗教的」な憲法もあります。

けだし、世界の憲法をみると、マルクス・エンゲルス的「共産主義憲法」もあれば、前記の独裁的なムソリーニ憲法や、全体主義的なヒトラー憲法があり、そして世界には、「イスラム

教を信奉する国での憲法」や「仏教の教えを基礎に置く憲法」など「宗教的憲法」もあります。（もっとも、こうした宗教国の場合は、「宗教の教え」であって、憲法という言葉を使うのはふさわしくないこともあります。）

一般に法律学で「憲法」というと、それは「国家の組織・作用の基本を定め、国民の基本的権利を保障する規定を持つ場合」を言い、そうした憲法を制定して政治を行う方式を「立憲政体」といいます。

昔は、君主国家が多く、全権を握る君主が政治を掌握していましたが、そうすると、名君の時はよいとして、暴君が現れた時は、君主の恣意によるので、国民の人権が侵されることが生じ、市民・国民側がその王権に反対して立ち上がり、その君主を倒すという歴史（たとえば、フランス革命）もみられました。

そこで、君主制でも、君主の恣意によらず、その下に、立法・司法・行政の独立機関を設けて国を運営する「立憲君主国家」が出現し、さらには、そうした世襲的な君主を置かずに、国民から選挙された大統領・議会などの組織によって国を運営する共和政体も生まれました。

ただ、昔の立憲君主制は、①国家を代表し、②国政を総覧し、③国軍を掌握する統帥権《とうすいけん》を持つという三権を有するとされていましたが、二十世紀に入り、第一次世界大戦、第二次世界大戦を経て、次第に、立憲君主制国家であっても、三権のうちの二権、すなわち②国政の総覧、③国軍の統帥権、は名目化され、実質的には君主から政府へ移行して、いまでは、立憲君主は、国家を代表する代表権のみとなってきております。

その点で、前述の国民の選挙によって選ばれた共和制の大統領の方が、立憲君主よりも権力を持っている場合も多い、といえます。今日では、もはや、立憲君主制と共和制は差異がなくなってきております。また、大統領が存在して行政権は掌握していても、立法議会や裁判所など司法権は独立している場合もあり、あるいは大統領制であっても、それは、名目的存在であって、首相の方が実権を持っている場合もあり、いまでは、共和制自体も一概には定義できなくなってきております。

日本の場合も、戦前の大日本帝国の時は、当時のヨーロッパの王室と同様に、天皇が、①国家代表権、②国政を総覧する、③三軍の統帥権、の三つを持っておりましたが、いまでは、ヨーロッパの王室と同様、国政の総覧も名目的・形式的な権威の象徴として存在し、実質的には①国家代表権だけを有しておられる、ともいえます。

すなわち、戦後は、日本の皇室もヨーロッパの王室も、「君主」を定義する内包概念が変化して、右の三つから一つへと、その内包概念が狭くなってきているわけです。

これは、ヨーロッパでも、王室に前述の三権があると、戦争に負けた場合には、王政が廃止されることもある。しかし、長年の習性で、王がいなくなると、他の者がなっても「権威」が感じられないとして、やはり、スペインなどのように、国家を代表するため王政が復活する場合もみられます。

こうして、立憲政体、立憲君主政体、共和政体も、時代とともにいろいろと変化してきていますが、世界では、本項の冒頭に記しましたように、憲法そのものが、政治的、イデオロギー的、あるいは宗教的な要素を持っておりますので、革命によって、それらの間で、国のあり方が変わる場合があります。例えば、帝政ロシアでは革命によって、共産主義のソ連邦になり、また、それが崩壊して、またロシア連邦ができたのも、そうです。また、イスラム諸国の中では、宗教国家から立憲政体や共和政体になったり、さらに、それがひっくり返って、再び宗教国家になったり、そのようにして、革命によって、国体が変わる場合も、多々あることも認識して下さい。

それでは、次に、近代日本において、革命があったのか否かについて、検討していきましょう。

三、護憲派にも改憲派にも大きな影響を与えた宮澤俊義東京大学教授の学説

それは、なぜか。宮澤俊義氏は、大正十二年に東京帝国大学法学部を卒業して大学に残り、助手、助教授を経て、昭和九年東京帝国大学法学部教授となった憲法学者。その師・美濃部達吉教授が唱えた天皇機関説を支持したことから、戦時中は不遇でしたが、日本の敗戦後の昭和二十一年五月以降、宮澤俊義教授は、その著書で、大日本帝国の「国体」は、連合国側が提示した日本降伏条件を記した「ポツダム宣言」を、昭和二十年八月十五日に受諾した時点をもって、否定された。つまり、天皇主権から国民主権へと転化したのだから、革命があったのだという「八月革命説」を唱導しました。

これに対して、京都帝国大学を卒業して助教授から教授となり、憲法学を担当していた佐々木惣一教授等々は「国体不変論」を唱え、宮澤教授の「八月革命説」に反対しました。

しかし、宮澤俊義教授は、東大教授という地位から、その著書・学説で勉強する者が多いので、結局、宮澤教授の「八月革命説」が大勢を占めた。また、昭和二十三年、日本公法学会創設にあたり理事長に就任したので、この「八月革命説」が学者を支配しました。

そのため、憲法学者の中でも、マルクス主義イデオロギーの人たちは、この昭和二十年八月十五日をもって天皇制は終わったとか、終わるべきだ、といった主張をする人もおります。そして、昭和などの元号を用いず、西暦を使い、一九四五年をもって、日本の国体は変わったとして、そこから「日本国憲法」を起算する人もおります。

また、この「八月革命説」は、憲法改正を唱える保守派の人々にも影響を与えました。すなわち、宮澤俊義教授がいうように、八月十五日に「ポツダム宣言」を受諾したことによって、これまでの天皇主権から国民主権に変わり、そうした前提でいまの「日本国憲法」ができたというのは、絶対許せないから、そんな今の憲法は無効だ破棄してしまえ、そして、以前の「大日本帝国憲法」を復元せよ、という「現行憲法無効・明治憲法復元」論です。つまり、革命で変えられたものはもう一度革命で変えてしまえ、というわけです。

また、そうした宮澤俊義教授の「八月革命説」についての認識はなくとも、いまの憲法は占領下に強制的に作られたのだから、そんな占領憲法なんか破棄して、新しい憲法をつくるべきだという形の「現行憲法無効・明治憲法復元」論者もおり、改憲論者にはこうした考えの人が、戦後、非常に多く、現在でも、改憲論者には、こうした考えの人が大勢を占めております。また、近年では、「明治憲法（大日本帝国憲法）に戻すことがむずかしければ、国会で現行憲法の無効決議をして、一夜にして予め用意した新しい憲法に切り替えてしまえ」という改憲論者も、かなりおります。

こうした改憲論については、私どもは法論理的に「革命による改憲」と考えますので、賛成しませんが、しかし、この章の第一項や第二項でも触れましたように、非合法・革命による憲法でも、国民の多数が賛成すれば、革命が成就して、それは合法なものとなり、そこで決められた新しい憲法がその国の憲法として認められるわけですから、そうした信念を持って活動する人がいることは、一概に否定しません。すなわち、世の中には、人生観的信念、宗教的信念、イデオロギー的信念をもって活動する人もいるわけ（例えばオウム真理教）ですが、それが成功すれば合法化されますが、失敗すれば処刑されるわけです。

しかし、革命はふつう国民に大きな犠牲を伴うので、私どもは賛成しません。そこで、次の項で、私どもの考え方をご紹介することにいたしましょう。

四、憲法問題についての岸信介元総理の考え方

私どもの団体は、亡くなられるまで会長を務められた岸信介元総理のご信念・方針に、ずっと今日まで従ってきております。

そこで、私ごとにもなりますが、ここで、私が、岸信介先生から、その創立にかかる四つの団体の執行を命じられ、憲法については、自主憲法期成議員同盟と自主憲法制定国民会議、俗に「自主憲」といわれる団体の事務局長や執行役員を命じられた経緯を申し上げておきましょう。

まず、最初にご面識を得たのは、昭和三十五年、いわゆる安保騒動の年です。当時、私は、早稲田大学の大学院博士課程におりましたが、亡父の事業の関係で、「西武」の創立会長堤康次郎総帥（衆議院議員・元衆議院議長）の秘書室におりました。堤康次郎衆議院議員は、吉田茂元総理と岸信介現総理（当時）を大層尊敬しておりましたので、特に安保改訂是非で世間が

騒がしくなってきたころから、当時、ホテル王（プリンスホテル）でもあったので、月に一度、熱海か軽井沢か箱根の所有ホテルで、吉田茂元総理と岸信介現総理をお招きして、御慰労懇談会を計画されました。しかし、結局、警備の都合もあり、箱根の「湯の花ホテル」で、ほぼ月一回、吉田茂元総理と岸信介現総理をお招きして、清談会（芸者は上げず、料理による）を催されました。

土曜日のことが多く、私が指名されて、お招きする当日か前日に箱根の「湯の花ホテル」に参りました。一国の現職総理と吉田茂元総理をお迎えするのですから、大層気を使う仕事でした。その折の詳しいことは、また、別の機会に述べたいと思いますが、とにかく多忙で、毎晩四時間とは寝られない日が続き、結局、肋膜炎を起こし、西武を退職しました。

その後、私は病を治しながら、論述や書物を書いておりましたが、昭和五十三年、ふとした機会で、岸信介元総理のお呼び出しがあり、新橋の日石（日本石油）本館三階の「岸事務所」へ参上した結果、まず、岸信介先生から、その創立にかかる財団法人の執行役員を委嘱され、はじめ荷が重すぎるので辞退したのですが、西武で努力したのだから、君ならできるよ、とおだてられ、お引き受けする羽目になりました。私もそのときの岸先生の精神に感銘するものがありましたので、全力を挙げて執行に尽力し、政・財・官・学・民の指導者クラスを歴訪し、ともかく、錚々《そうそう》たる方々が集まり、月二回の月例会を開催するようになりました。

するど、昭和五十四年春、また、お呼び出しがあり、参上すると、今度は、岸信介先生が昭和三十年十一月の保守合同の前提として創られた「自主憲法期成議員同盟」、そして、その議員同盟を支えるため、昭和四十四年に結成され、会長に就任された「自主憲法制定国民会議」の二団体についても、その事務局長をやってくれ、とのお言葉。私は、財団法人の方を執行するだけでも手一杯なのでご辞退したのですが、また、「私が後ろ盾になるから、やってくれ」とおっしゃるので、やむなくお引き受けすることになりました。

こうして、「自主憲法」も担当してみて驚いたのは、その会員がわずか二百人ほどしかいないという事実でした。というのは、その十年ほど前に、岸信介先生が会長で毎年五月三日（憲法記念日）に、あの「武道館」で毎年、一万人大会を開催しておられることを、新聞で見ておりましたので、なぜいまは二百人しかいないのか、本当に驚いた次第です。

すると、岸先生のお話は、要約すると、昭和四十四年から始まった「自主憲法制定国民大会」は、ほとんどが「現行憲法無効・明治憲法復元」派であった。昭和四十八年に、その構成団体有力者から「岸会長は、毎年の大会冒頭で演説くださっているが、これまで一度も現行憲法廃棄・明治憲法復元を言ってくださらない。次回こそ、そうしたご発言をいただきたい、という。しかし、私は、それを断ったので、彼らは大挙して退いていったのだよ、との趣旨でした。

そこで、私は、それは、どういう理由ですか、とお尋ねすると、岸信介会長のお話の趣旨は、「現行憲法無効・明治憲法復元」は、いまの「日本国憲法」が成立してから、十年以内ぐらいなら可能だった。しかし、それから数十年も経ったいま、「現行憲法無効・明治憲法復元」をやったならば、日本は大混乱になる。けだし、現憲法無効ということになれば、それまで有効とされた行政措置や裁判まで、すべて再審請求を起こされてもやむを得ない。日本は大混乱になるよ。それに、「現行憲法無効・明治憲法復元」といっても、日本国民がついてくるとは思えない。国民の同意はえられないよ、ということでした。

また、昭和二十七年五月三日に、皇居前広場で「平和条約発効ならびに憲法施行五周年記念式典」が行われ、天皇陛下が臨席せられ、現行憲法をお認めになっている御言葉があることからも、「現行憲法無効・明治憲法復元」は許されない。

したがって、私は、憲法改正するには、現行憲法第九十六条（改正手続条項）により、合理的・合法的に行われなければならない、と考えているので、君も、その認識で、「自主憲法を担当してもらいたい」といわれました。

私も、多少、憲法学の勉強をしていたので、岸信介会長のおっしゃることは、まことに正論であると思い、そのご方針に従い、「自主憲法改正」の運動に努力いたします、とお答えしました。岸先生は、東京帝大で法律を勉強され、東大切っての秀才とうたわれた方とはうかがっていましたが、その時、そのお考えには慄然として感動を覚えた次第です。

また、それから二年近く経って、それは、私が「自主憲法」より前に、任命された財団法人の月例会でのことでしたが、会員の中から「現行憲法無効・明治憲法復元」論の話が出た時、岸信介先生は、国民は、いまの憲法に前文があることは知っているが、その前に「上諭」があることはほとんど知らない。そこには、日本国憲法は〝帝国憲法第七十三条による帝国議会の議決を経た帝国憲法の改正を裁可し、ここにこれを公布せしめる〟とあり、御名御璽として、昭和天皇の御署名と国璽が押されている。もし、「現行憲法無効・明治憲法復元」が正しいと言うのなら、この「上諭」は、昭和天皇の御真意ではない、ということになる。私（岸先生）は、陛下の御真意であると信ずる、とのお話がありました。

なお、この財団法人には、戦前・戦中・戦後に活躍された指導者クラスの方々が参加されていて、日本が未曾有の敗戦で国が滅びた原因は何かを、折にふれ論議検討しており、その原因は、天皇陛下の御真意をうかがわず、こうすれば、天皇陛下が喜ばれるだろうとの憶測に基づいて、戦線を拡大するなどした結果が、最大の原因であるとの認識があったこともあり、会員の中から、現行憲法の「上諭」が御本意かどうかおうかがい申し上げたい、との意向がでました。

この財団には、元宮内庁長官経験者等々もおられたので、お願いしましたが、その方々は、陛下に御質問申し上げるわけにはゆかない。たまたま、陛下から敗戦後の新憲法についてのお話をなされた折でなければ、ということで、数カ月かかりましたが、現行憲法の「上諭」は、天皇陛下の御真意によるものであることが分かりました。そうしたことから、「自主憲法」の方でも、「現行憲法無効・明治憲法復元」論は採らないことが、決定されております。

話を時系列に戻しましょう。ともかく、昭和五十四年当時、岸信介会長のもとから、「現行憲法無効・明治憲法復元」派が一斉に退いていましたので、その年の五月三日には、二百人足らずの会員しかいないので、人数がそのくらいしか入らない明治神宮参集殿で集会を行いました。そこで、私は、なんとかしなければと思い、各団体を訪ね、お願いして回りましたが、翌年の五月三日国民大会も厳しい状況でした。

そこで、昭和五十六年には、東京での開催はむずかしいと判断し、当時、愛知県の桑原幹根県知事はじめ愛知県の方々がともかく改憲志向が強いことを知り、特に愛知県出身の八木一郎参議院議員が改憲運動に熱心なので、愛知県のまとめ役をお願いし、そのお陰で、昭和五十六年五月三日は、名古屋市内で、三千人近い国民大会を開催することができました。

その翌年も、各団体にお願いに出て、東京都内で千数百人の大会を持ちましたが、当時なお、「現行憲法無効・明治憲法復元」派の方々が多く、岸信介元総理の第九十六条の改正手続規定による合法的・合理的な改憲という考え方に同調される方は少なく、岸先生も批判・攻撃を受けたし、私もかなり攻撃され、苦しい運動を続けてきましたが、なお、私は、岸信介先生のお考えは正しいと信じ、その方針を堅持して、今日まで国民大会を継続してきております。

ともかく、岸信介先生は、昭和三十二年に総理になられてから、憲法改正を志し、初め国会内に憲法調査会を作ろうとされましたが、当時、保革伯仲の時代で、野党の賛成が得られず、そこで、岸総理は、やむえず内閣内に憲法調査会を設置された。しかも、この内閣憲法調査会には、改憲反対の野党がいつでも参加できるように、十数人の委員空席を残しておかれた。この内閣憲法調査会は、岸先生が安保騒動で退任されたあとも、池田内閣後半まで、存続しました。この時の内閣憲法調査会の資料を読むと、反対する野党が入らなかったせいもあり、論理の筋が通っていて、むしろ、大層参考になる貴重な資料であります。

岸信介会長は、総理時代はもちろん、この内閣憲法調査会が閉められるまで、その資料に目を通されておられたそうですし、また、東京帝国大学法学部時代から秀才をうたわれておられたから、当然ですが、そのお考えは、学者以上のものがある、と拝察しておりました。

すなわち、岸信介会長は、前記の宮澤俊義東大教授の「八月革命説」を採らなかった。折にふれて、会議などでお話をうかがうと、そのご趣旨は、たしかに、連合国軍総司令部案文の「日本国憲法」と「大日本帝国憲法」との体裁や内容はかなり異なっていることも事実だが、戦前と同様、「立憲君主制」は残されている。敗戦により、「ポツダム宣言」を受諾するにあたり、当時の為政者は、「天皇制の存続」をわが国の国体と信じ、それが維持されることを唯一の条件として降伏した。マッカーサー将軍そしてアメリカもそれを認めてくれた。したがって、国体は維持されている。

宮澤教授は、八月十五日に「ポツダム宣言」を受諾したことにより、天皇主権から国民主権に変わったのだから革命だというが、明治維新後、当時の有力諸外国と肩を並べるには、当時のヨーロッパ諸国と同じような立憲主義の憲法を創らなければならないとして、当時の重臣たちも、その研究にヨーロッパに出向いて、当時のゲルマン憲法などを参考にして「大日本帝国憲法」を起案したわけだが、その案をご覧になった明治天皇は、ヨーロッパの王国の憲法は、専制君主の圧制に対してそれに抗する国民との契約によるものと聞く。

しかし、日本においては、古来、天皇家と国民との間にそういう対立はない。政治は、太政大臣、関白、将軍などが行ったが、もし悪政があれば、天皇の名において排除したわけで、日本では天皇と国民との対立関係はない。そのため、原案にはあった「主権」という言葉を「大日本帝国憲法」では使わなかったし、明治天皇は、近代国家の仲間入りをするために、ヨーロッパ諸国風の「立憲君主国家憲法」の制定を認められたけれども、同時に、「五箇条の御誓文」「教育勅語」をも発せられたと聞く。

そうした経緯からも、天皇主権から国民主権に変わったとする宮澤教授の「八月革命説」は間違っている、「国体は不変である」と考えておられたわけです。

また、そうした考え方に感銘し、学問的に論理づけたのが、後述する竹花光範駒沢大学教授・

憲法学会理事長であった。竹花光範教授は、日本においては、ヨーロッパ諸国にあるように、君主主権か国民主権ではなく、日本国憲法における「主権」は、天皇と国民とが共有してきたし、現在も共有している、とされた。私も、この説に大賛成である。

なお、憲法問題としては余談かもしれませんが、私が、岸信介会長に、総理の時に安保改訂にあれだけ、命をかけて取り組まれたのは、どうしてですか、とうかがったことがあります。それに対して、岸信介先生は、「それはそうだよ、君、明治維新の時を思い出してくれ。江戸幕府は、アメリカ、ロシア、イギリス等々の軍艦が来て開国を迫ったとき、やむなく諸外国と条約を締結したが、明治維新になって、当時の高官が、諸外国に行ってみて、驚いたのは、それら条約が、日本に極めて不利な不平等条約だったのだよ。そこで、その不平等条約を平等条約にするのに、明治政府は大変な苦労をした。例えば、鹿鳴館を造ってそこへ諸外国の領事を招き、日本側の要人も慣れない燕尾服を着たり、その夫人たちも、慣れないドレスを着て、欧米風のダンスパーティーまで開いて、欧米流の近代化を装い、それでも、平等条約にもっていくには、長い年月がかかったのだよ」といわれたのが、強く心に残っております。

なお、岸信介会長は、五月三日の憲法改正の国民大会には必ず出席されて、会長挨拶をされた。その演説記録も、機関誌などにかなり残っているので、別の機会に公開したい。また、昭和六十年、八十八歳の年に、私に会長後任のご相談があり、私が「後任会長人事は、会長の専権事項です」と申し上げると、では独り言をいおうといわれ、憲法改正に熱心な人物は元総理にはいまいないから、参議院議長を二期務めて辞任して間がない木村睦男君にしよう、といわれ、のちにみずから、木村睦男前参議院議長に会長代行を委嘱された、という経緯もあります。

そして、昭和六十一年に、風邪をこじらせ衰弱されていたが、私が、今年はお休みを、と申し上げたにもかかわらず、おして五月三日の第十七回国民大会に出席されて、『自由民主党は、立党の精神にもどれ！』と題して、講演をされた。翌昭和六十二年の大会は、ご体調を崩されておられたので、当方からご辞退し、そして、同年八月七日に、病院にてお亡くなりになった。私も、岸事務所の秘書さん方から、ご危篤に陥られたからすぐ病室へとご連絡があり、急ぎ駆けつけた。病室には、ご家族・ご親族はじめ側近や近しい方々が見守られていたが、ご逝去された時は、「巨星落つ」の想いでした。

後任会長の木村睦男元参議院議長も、ほんとうに熱心に会長を務めてくださった。毎月の「自主憲法研究会」に必ず出席されるだけではなく、ご自分の事務所に、私と後記の竹花光範駒沢大学教授を招かれ、ライスカレー昼食を挟んで勉強会をされ、平成八年五月三日発行で、『平成逐条新憲法論』を上梓されている。そこには、参議院議長を二期務め、名議長と謳われながら、衆・参両院を、いわばガラガラポンで同時廃止して一院制にすることを提案されている。なお、当「自主憲法」では、木村睦男会長逝去後は、櫻内義雄元衆議院議長に会長をお願いした。櫻内義雄第三代会長も、ご高齢にもかかわらず、国民大会に熱心にご参加・ご挨拶をくださった。いずれも、思い出に残る立派な人物でした。

さて、ここで、当国民会議の名称について、ふれておきたい。当団体は、創立した昭和四十四年以来、正式名称は「自主憲法制定国民会議」であるが、木村睦男会長の時、もはや日米開戦があったことも知らない世代となり、「自主憲法」というと理解できず、かなり長い説明をしないとならないことから、この名称は、歴史的呼称として尊重しつつも、別称として「新しい憲法をつくる国民会議」ともいう、ということを決めたことを付記しておく。以上、後継会長の説明に話が及んだので、ここで、時系列を少し戻しましょう。

なお、あり難かったのは、昭和五十四年秋に、改憲派の憲法学者の集まりである「憲法学会」にお願いに出たところ、そこにも、「現行憲法無効・明治憲法復元」派の学者もかなりおられたが、ともかく、お手伝いしましょうと言ってくださり、毎月の（改憲のための）研究会には、何人もの学者先生が出席くださった。特に、早稲田大学出身で、後に駒沢大学法学部教授——法学部長——同大学副学長を務められ、さらに「憲法学会」理事長(会長制度はないので、そのトップ)は、その昭和五十四年以降、逝去されるまで、実に二十八年間にわたり、当団体の「自主憲法研究会」の専任講師として、現行憲法の解釈学はもちろん、いわば「現行憲法改正学」について、問題点を洗い出し、意見を交換し、ともに努力して、五月三日の「憲法大会」には、数カ条ずつ改憲案を発表し、平成十五年には、整合性を整え、全面改正案を発表し、平成十六年には、その補正全面改正案、そして平成十八年にはその第三次案を世に問うことができた。その竹花光範教授が、平成二十年二月、急逝されたのは悲しい。ここに、竹花光範先生の御魂に、心から感謝を申し上げます。

以上のように、憲法改正と言っても、その手段・方法はさまざまであり、当団体としては、岸信介会長のよく言われた「いずれ、分かるよ」の言葉に従い、他団体の考えを批判することは、一切しない。それらの方々も、それぞれの信念に基づき、熱心に活動されているからです。

当「自主憲法制定国民会議」(＝新しい憲法をつくる国民会議)としては、岸信介会長のお考え・方針に従い、前記・宮澤俊義教授の「八月革命説」を採らず、あくまでも、現憲法第九十六条の改正手続に基づき、合法的・合理的に改憲を進める方針であります。

そうした当団体の考えに賛同くださる方には、どうか、当団体の運動に参加くださり、また毎年五月三日に開催される「新しい憲法をつくる国民大会」にも、ご参加くださるようお願いを申し上げて、ここに擱筆させていただきます。

最後まで、お読みいただきましたことを、心から感謝申し上げます。

あとがき

この本は、表紙にもあるように、憲法改正について、賛成者も、反対者も、また、どちらとも言えないとする中間派の方々にも、お読みいただくことを念頭に、著者が、三十五年間にわたって携わって来た憲法改正の研究に加え、特に、ここ数年の五月三日（憲法記念日）開催の「新しい憲法をつくる国民大会」における講演を中心にまとめたもので、いろいろな角度から、憲法改正問題のどこに、どのような問題があるのかを、話し言葉で分かりやすく解説してあります。

それは、私が、毎年五月三日（憲法記念日）に、国民大会で講話したものを、ほとんど、そのまま載せているからです。第六章各項は、毎月開催される研究会やお招きいただいた講演会などで、折にふれ、お話しするテーマです。

なお、この本をお読みになって、憲法問題に関心を持たれた方は、五月三日の「新しい憲法をつくる国民大会」や、毎月開催される「新しい憲法をつくる研究会」（＝自主憲法研究会）へ、是非お出でください。

会場の大きさの都合もありますので、事務局へ、まずはお電話ください。

お問い合わせ先（事務局多忙のため、まずはお電話ください。）
「自主憲法制定国民会議」（＝新しい憲法をつくる国民会議）
住　所　〒一〇四―〇〇二八　東京都中央区八重洲二―六―十六　北村ビル三階
電話番号　〇三―三五八一―一三九三（代表）
ＦＡＸ　〇三―三五八一―七二三三
ホームページアドレス　http://www.sin-kenpou.com/

なお、本書を短い期間内に編集・出版して下さった善本社の手塚社長をはじめ、各スタッフの御努力に、心から感謝を捧げます。

清原淳平（きよはらじゅんぺい）

東京都出身。昭和 31 年、早稲田大学卒業。昭和 33 年早稲田大学大学院修士課程修了。同大学大学院博士課程 3 年目に、西武の創立者堤康次郎会長（元衆議院議長）の総帥秘書室勤務。その際、時の岸信介総理のご面識を得たご縁で、昭和 53 年秋より、逐次、岸信介元総理が創立、ないし創立に関与された四つの団体の事務局長、常務理事、専務理事など執行役員を委嘱されて、以来、今日にいたっている。

その中には、昭和 54 年就任の自主憲法期成議員同盟事務局長、同年に就任した「自主憲法制定国民会議」（＝新しい憲法をつくる国民会議）があり、後者の国民会議では、事務局長、常務理事、専務理事、会長代行を経て平成 23 年以降、会長に就任している。

憲法改正の研究に 35 年間にわたり携わってきており、この間、「憲法改正入門―第九条の具体的改正案を提示」他多数の論述、著書がある。

なぜ憲法改正か!?

平成二十六年五月三日　初版発行

著　者　清　原　淳　平

発行者　手　塚　容　子

印刷所　善本社事業部

〒101-0051　東京都千代田区神田神保町二―十四―一〇三
発行所　株式会社　善　本　社
TEL　（〇三）五二一三―四八三七
FAX　（〇三）五二一三―四八三八

ISBN978－4－7939－0467－7　C0032